헤어살롱, 이렇게 경영하라

아름다움을 창조하는 미용인의 성공경영 지침서

헤어살롱,
이렇게 경영하라

김덕준 지음

새녘

| 프롤로그 |

변화의 속도에 동참하라

1880년에 설립된 이스트먼 코닥Eastman Kodak Company은 세계 최초의 롤 필름 개발을 필두로 사진기와 인화지 등 수많은 사진 관련 제품을 쏟아내면서 100여 년 동안 필름 시장의 선두자리를 구축했지만, 디지털이라는 새로운 시대의 변화를 제때 간파하지 못하고 업계 최고란 자부심에 들떠 방만한 경영으로 결국 2012년 파산 보호 신청을 했다. 변화의 속도에 동참하지 못하면 경쟁에서 뒤지기 쉽다는 극단적인 사례이다.

첨단을 달리는 기업과는 달리 서비스 업종인 헤어살롱은 변화 속도와 무관하게 여겨져 왔고, 그래서 많은 사람들이 기술만 있다면 쉽게 창업하여 오래 할 수 있기 때문에 인기 직종으로 주목 받고 있다. 그러나 현실은 운영이 잘되지 않아 문을 닫는 매장도 많고 또 한편으로는 매출규모나 살롱 외형사이즈 면에서 부익부 빈익빈富益富 貧益貧 현상이 심해, 마치 전통시장과 대형 슈퍼마켓의 싸움처럼 점점 골목상권이 프랜차이즈점이나 대형업체의 직영점으로 바뀌어 가고 있는 것도 사실이다. 심지어 대기업 거대 자본을 배경으로 헤어살롱에 들어오려는 큰 손들도 호시탐탐 기회를 노리고 있어서 점입가경漸入佳境이다. 이를 극복하고 시장에서 살아남기 위해 틈새시장 Niche Market 을 노리는 헤어살롱도 있기는 하지만, 이 시장조차도 녹록하지가 않다. 결국, 헤어살롱 시장도 점점 더 새로운 것을 요구하고 손님 끌기를 위한 나만의 필살기를 만들지 않으면 경쟁에서 이길 수 없는 환경이 되었다. 인간의 미美에 대한 욕구가 사라지지 않는 한 존속할 것 같은 헤어살롱도 백척간두에 선 심정으로 위기의식을 느끼지 못하면, 현재는 영업이 잘된다 할지라도 순식간에 문 닫을 수 있음을 잊지 말아야 한다.

    이 책은 누구나 쉽게 살롱경영을 이해하여 시대적 변화에 발빠르게 대응하고 점점 치열해지는 경쟁구도에서 더욱 잘 대처할 수 있기를 바라는 마음으로 집필하게 되었다. 일상적인 헤어살롱의 경영방식도 보는 각도를 달리하면 특이하고 다르게 보일 수 있다는 의도에서, 좀 엉뚱한 발상도 있지만 대부분 헤어살롱 경영에 가장 필요하고 실천 가능한 것에 중점을 두었으며, 복잡한 경영이론으로 분석하는 것은 피했다.

    제1부는 헤어살롱의 장점과 문제점을 간단히 살펴보고, 제2부 본론에서는 헤어살롱 경영을 잘하기 위한 중요 실천사항들을 열거했다. 특히, 초심의 정신으로 출발선에서부터 최종 실천까지 하나

로 연결될 수 있도록 예를 들어가며 상세히 풀어보았다. 제3부는 현장에서 실제 성공경영을 하는 헤어살롱의 예를 들었다. 우선 국내에 많은 프랜차이즈점은 성공경영 사례에서 제외하였다. 프랜차이즈점은 또 다른 유통사업이기 때문에 한 가의 회사로만 운영되는 직영업체 위주로 사례분석을 했다. 그래서 우리나라에서 직영점이 가장 많은 업체, 한 지역을 연고로 빠르게 성장하는 업체, 후발주자로 새롭게 확장하고 있는 업체, 적은 매장 수이지만 내실 있는 업체와 단 한 개의 매장이지만 차별화시켜 경영을 잘하고 있는 업체까지, 그들이 왜 성공하게 되었는지 성공요소들 key facts 을 중심으로 집중 조명하였다. 이는 살롱의 개수에 상관없이 누구나 살롱경영을 단계적으로 잘하면 언제든지 성공으로 갈 기회를 마련할 수 있음을 보여주기 위함이다.

 제2부 핵심 부분에서 특정 살롱의 실제 이야기임에도 그 상호를

거론하는 것이 상업주의적 형태를 부추긴다는 오해를 살 수 있어 배제했다. 그래서 여기서 제시한 방법이 '우리 살롱 이야기네'하고 느껴질 수도 있다. 이미 실천하고 있다면 멋진 경영을 하고 있다는 자부심을 가져도 좋을 것이다.

모든 이론의 최고의 답은 실천이다. 아무리 좋은 아이디어를 가지고 있더라도 실천하지 않으면 소용이 없다. 이 책에서 제시한 살롱경

영 방식이 누구에게나 완벽한 답은 아니다. 심지어 더 좋은 경영방식이 있을 수도 있다. 그러나 어떤 방식이든 자기만의 방식으로 소화하는 것은 모두 독자의 몫이다.

강의와 달리 글로써 내용을 전달하다 보니 강조하고자 하는 부분이 밋밋하게 전달되는 점이 좀 아쉬웠다. 미용과는 다른 전자산업에서 반평생을 쌓아온 내 지식과 지난 5년 동안 400회 이상의 강의를 통해 많은 원장들과 소통한 경험, 그리고도 부족한 부분은 한 주에 3권의 책으로 메우면서 헤어살롱 경영이야기를 정리하는 자체가 큰 즐거움이었다. 이 열정이 독자들께도 고스란히 전달되기를 바란다.

곁에서 부족한 남편을 항상 응원해주고 내조해준 사랑하는 아내 박희은, 언제나 존재감으로 힘이 나는 아들 창림 그리고 딸 유림, 항상 열정과 사랑으로 감싸주고 도와주는 하이텍코리아 최희경 대표님과 가족들, 책 발간에 아낌없는 협조를 해주신 새녘출판사 권희준 대표님과 가지고 있는 사진을 아낌없이 건네준 뷰티포스트 김상옥 국장님께 따뜻한 감사의 말씀을 전한다. 아버지와 같은 사랑으로 항상 나를 이끌어주고 미용업계로 인도한 고 김수준 형님께 이 책을 바치고 싶다. 이 봄 형님이 사무치게 그립다.

독자들께도 무한한 감사를 보낸다.

2014. 3월 봄
김덕준

| 추천사 |

내가 하이텍코리아 김덕준 님을 만난 것은 약 5년이 되지 않는다. 짧은 만남의 시간 속에서도 열정적이고 헌신적이었으며, 항상 만날 때마다 새로움을 느끼게 해주시는 분이어서 늘 만남이 즐겁다. 이번에 '헤어살롱 경영'에 대해서 책을 쓰신다하여 추천사를 의뢰받고 다소 놀라움이 앞섰다. 삼성이라는 대기업에서 오랫동안 몸담았던 분이 헤어살롱 경영을 논한다는 것도 놀라웠고, 미용업계의 짧은 입문 기간임에도 '뭔가를 이루었다'는 것에 더욱 감탄했다.

그래서 책 원고를 받아들고 궁금해서 바로 읽어 보았다. '생생하다!' 이것이 처음으로 느낀 책의 감정이다. 자칫 놓치기 쉬운 헤어살롱 현장의 구석구석을 아프리만치 헤쳐 놓았다. 이 책의 언급대로 우리나라의 헤어살롱은 많은 사람들이 기술만 있다면 쉽게 창업하여 정년퇴직 없이 오래 할 수 있기 때문에 인기 직종으로 주목받고 있다. 하지만 과거의 영업방식으로는 성공할 수가 없다. 헤어살롱 경영자의 열정적인 변화 마인드, 체계적인 교육시스템, 살롱 자체의 차별화 없이는 현대의 변화 속도를 감히 따라갈 수 없고 성공과도 거리가 멀다는 데 전적으로 동의한다.

이 책에서는 헤어살롱 경영에 필요한 여러 가지 원칙들과 만난다. 본인과 본인의 살롱이 처한 상황을 정확히 인지하지 못하고서는 어떠한 처방도 백약이 무효할 것이라는 생각, 직원과 고객과의 진정

한 소통만이 고객의 역사를 만들고 영원한 단골손님을 만든다는 것, 개인이나 살롱의 목표를 구체적인 숫자로 정하지 않으면 어떤 일도 이루어질 수 없다는 멋진 지적을 해준다. 그리고 살롱 생존을 위한 차별화 부분은 아무리 강조해도 지나침이 없는데 남과 같이해서는 절대로 생존할 수 없다는 진리를 통해 다름의 미학을 강조했다. 특히 스스로 체험해보지 않고 고객에게 시술하거나 판매를 권하는 행위는 절대로 있을 수 없다는 확고한 저자의 생각은 금을 주고도 사고 또 사야하는 소중한 것이다. 끝으로 다른 업종과의 유기적인 연계를 통한 새로운 모색을 시도하는 열정적 제안과 더불어 실천을 강조한다. 아무리 좋은 아이디어와 이론적인 지식도 실천하지 않는다면 소용이 없음을 말한다. 좋지 못한 습관의 굴레에서 벗어나 지금부터 변화하고 실천하자! 바로 지금!

이 책에서는 실현 가능하고 꼭 실천해야 하는 내용으로 꽉 차 있고 끊임없이 비전과 열정을 강조하고 있다. 살롱 운영자들이나 헤어 디자이너 모두에게 커다란 교훈과 깨달음을 주며, 성공은 우리의 몸과 마음을 다 바치는 혼신의 힘에서 나온다는 진리를 확인하게 해준다.

〈헤어살롱, 이렇게 경영하라〉를 읽고 소중한 방법들을 깨달아 성공과 존경을 모두 받는 여러분이 되시기를 바라마지 않는다.

준오헤어 대표 강 윤 선

| 추천사 |

　김덕준 님을 알게 된 것은 연세대 영문과를 다니던 학창시절이다. 하지만 당시에는 그를 잘 몰랐다. 거의 30년이 지난 후, 영문과 동문회에서 다시 만났다. 어쩌다 많은 이야기를 할 기회가 있었는데 그의 새로운 면목을 보고 감탄했다. 어떤 일이건 '돌격 앞으로!' 하며 나가는 스타일이었다. 외국에서 큰 사업을 해온 삶의 궤적도 그랬고, 현재의 사업 경영도 그랬고, 강연을 다니며 책을 내는 것도 그랬다. 그리고 재기발랄한 말과 아이디어들은 정말로 놀라움 그 자체였다. 남들이 하지 않는 일, 남들이 가지 않는 길을 스스로 개척해 나가는 용감무쌍함은 신선한 충격이라고 해도 과언이 아니다.
　책의 아이디어를 이야기한 지 한 달도 안 되어서 이렇게 훌륭한 책의 원고를 보내왔다. 그 추진력에 또 한 번 놀랐다. 그리고 책에 담긴 컨텐츠의 깊이와 글솜씨에 다시 한 번 놀랐다. 속도에 깊이까지! 필자도 책을 많이 내고 늘 글을 쓰는 사람이라서 글을 읽어 보면 사람이 보인다. 그리고 내공을 알 수 있다. 이 책의 내용을 보고 보통 내공이 아니라는 걸 한 눈에 알 수 있었다.

책을 읽고 나서 그는 조언할 게 없냐고 물었다. 나는 이렇게 말했다.

"이 책을 헤어살롱 경영하시는 분들만 읽는 건 너무 불공평해요. 독자층을 좀더 확대하는 방향으로 가시면 어떨까요?"

책의 추천서를 써달라고 부탁받았기 때문에 하는 말이 아니다. 나도 '주례사' 같은 추천사를 정말 싫어하는 사람이다. 그런데 이 책을 읽고 그런 조언을 하고 싶어질 정도로 이 책의 내공은 깊었다.

에스키모에게도 에어컨을 팔 수 있고, 사막에서도 난방기 사업을 할 수 있는 투지가 있는 분이 그이다. 헤어살롱 경영에 대해서, 혹은 어떤 분야이건 각자의 인생 경영을 위해서 어떤 긍정적인 마인드로 투지를 갖고 인생을 살아야 할지, 이 책은 보여주고 있다. 그래서 감히 존경의 뜻까지 보태서 이 책을 강력하게 추천하고 싶다. 그가 동문회에 와서 자신을 소개한 말이 있다.

"수려한 외모, 화려한 말빨, 넓은 어깨, 짧은 다리, 그리고 대한민국 여자 70%가 나를 좋아할 거라고 착각하고 사는 남자 김덕준입니다"

그의 자신만만한 투지 그대로, 이 책이 많은 이들의 인생에 '확' 불을 붙이는 불씨가 되길 기대한다.

숙명여대 미디어학부 교수 강 미 은

| CONTENTS |

프롤로그 | 변화의 속도에 동참하라
추천사 | 강윤선 준오헤어 대표
추천사 | 강미은 숙명여대 미디어학과 교수

chapter 1
왜 헤어살롱 경영을 이야기하는가?

매력 덩어리 그 자체 · 24
새로운 시각으로 변화를 추구하자 · 27

chapter 2
무엇을 어떻게 바꾸어야 할까?

나 자신을 알라

사방 100m를 분석하라 · 38
무조건 베끼는 것이 우선이다. · 42
헤어살롱의 가치를 올려라 · 45
자신을 분석하고 수용하고 변화하라 · 48

무조건 소통하라

- 나부터 소통하라 • 54
- 잘 들어야 한다 • 57
- 직원과 소통하라 • 59
- 고객과의 소통 : 고객의 역사를 만들어라 • 64
- 고객과 연애하라 • 70
- 향기 나는 살롱을 만들어라 • 71
- 스마트하게 소통하라 • 73

목표를 숫자로 이야기하라

- 경영은 숫자다. 목표를 공유하라 • 80
- 하루하루 실적을 분석하라 • 85
- 꿈과 목표를 구분하라 • 86

기술을 공유하라

- 내부 세미나를 개최하라 • 91
- 토론 기술을 길러라 • 93

시스템이 움직이도록 하라

　2~3명의 기술자에게 의존하지 마라 • 100
　전략적인 공통 매뉴얼을 개발하라 • 102
　체계화된 교육 프로그램을 만들어라 • 108

차별화하라

　끊임없이 연구하고 남과 다른 길을 가라 • 113
　스토리를 만들어라 • 118
　잠재된 1%를 깨워라 • 121
　퍼스트 펭귄이 되라 • 125
　다양하고 독특한 메뉴를 개발하라 • 127

체험하라

　단순화하고 전문화하라 • 133
　세상에 공짜는 없으며 피드백하라 • 136
　현장에서 전문가답게 제대로 처방하라 • 138

협업하고 융합하라

　이종간 융합하라 · 145
　틈새시장을 노려라 · 148
　전문 경영인을 두자 · 151

실천하라

　습관의 고리를 끊고 변화하라 · 157
　알면서도 실천하지 않는 것들 · 160
　안주하지 말고 질주하자 · 162

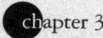

chapter 3
현장에서 일어나는 실제 성공경영 이야기

준오헤어 · 171

화미주헤어 · 179

마니아헤어 · 185

헤어스케치 · 191

순시키헤어 · 195

두뜰헤어 · 201

에필로그 | 헤어살롱, 이렇게 경영하라
부록 | 경영에 도움이 되는 책들

chapter 1

왜 헤어살롱 경영을 이야기하는가?

"우리는 늘 누군가를 사랑한다고 말을 하지만
진정 행동으로 보여주지 않는다면
진실하다 말할 수 없듯이,
알면서 실천하지 않는다면 그것은
아무런 의미가 없다."

당신의 열정을 지배하라.
그렇지 않으면 당신이 열정에 지배될 것이다

- 라틴속담

하루가 다르게 모든 것이 변해도 인간의 젊어지고 아름다워지려는 욕구는 변함이 없다. 그래서 미용 산업은 해마다 두 자리 이상으로 매출 증가는 물론, 그 시장도 다양하게 확대되고 있다. 아름다움을 창조시키는 소위 '미美'를 다루는 직업은 많다. 그 중에서도 헤어스타일, 사람의 첫 이미지를 결정하는 얼굴과 관련된 헤어스타일을 다루는 미용인이야말로 미의 선봉장이라 할 수 있다.

21세기에 접어들어 우리나라 헤어살롱의 개수는 10만 개 안팎을 넘나들고 있고, 조금의 차이는 있지만 그 수가 변동 없이 유지되고 있는 점은 놀랍기만 하다. 이는 헤어살롱만이 갖는 멋진 장점이 있어서 많은 사람에게 유혹(?)의 손길이 닿은 점도 있을 것이고, 업業의 특성상 진입 장벽이 낮은 것도 그 이유가 아닐까 생각한다. 이 매력적인 사업의 특성은 대체 무엇일까?

매력 덩어리 그 자체

헤어살롱 분야에 종사하는 사람들을 보면서 내가 뽑는 이 직업의 매력 포인트는 다음과 같다.

첫째, 평생 직업이다. 현대인의 화두는 정년퇴직이다. 직장인의 최고 바람은 정년의 나이까지 버티는 것이다. 점점 고령화되어 가는 시대에 나이가 들어도 일을 할 수 있는 직업이 많지 않다. 그런데 미용인은 나이가 들더라도 스스로 그만두지 않을 때까지 정년이라는 것이 없다. 하고 싶어서 하는 일을 나이에 상관없이 할 수 있다는 것이 얼마나 행복한 일인지 모른다.

둘째, 아름다움을 창조하는 직업이다. '미용美容'이라는 단어 자체가 '아름다운 얼굴'을 의미하듯이, 사람의 얼굴 모양에 맞추어 아름답게 머리 스타일을 디자인해주는 직업이다. 그래서 요즈음 미용인을 헤어 디자이너 혹은 헤어 스타일리스트라고 칭한다. 사람의 얼굴은 전체 이미지를 대변해 주므로 헤어스타일에 따라 그 사람의 모습이 많이 달라진다. 따라서 미용인의 손이 그만큼 중요하다 하겠다. 아름다움을 창조한다는 것은 아름다움을 보려는 '심미안審美眼'이 있어야 하는데 이를 두루 갖춘 매력적인 직업이다.

셋째, 운영자본이 많이 들어가지 않는 직업이다. 헤어살롱을 운영하는 경영주와 만나 이야기를 나누어보면, 헤어살롱의 가장 큰 장점 중의 하나가 살롱 운영에 필요한 투자금이 그리 많이 들어가지 않는 점이라고 한다. 물론 살롱 규모의 정도에 따라 차이는 있겠지만, 계속되는 투자금이 필요한 것도 아니고 일단 초기 설립 자금만 마련

되면 그 다음부터 들어가는 운영 자금은 그리 크지 않아 투자 위험이 다소 적다는 것이다. 심지어 가위 하나로 온 가족을 먹여 살렸다는 분도 있으니 상대적으로 다른 업종에 비해 투자금이 적게 들어가는 것은 사실이다.

넷째, 일상생활이 거울과 함께하는 직업이다. 누구나 거울을 통해 자신의 모습을 비춰 본다. 내가 어떤 얼굴이고, 어떤 모습인지 자기 생김새에 대한 관찰의 필수요건이 거울이다. 그래서 아침 출근 전에 거울 앞에 서는 것은 당연한 행동이다. 그런데 미용인은 아침뿐만 아니라 늘 거울과 함께 살아가니 얼마나 좋은 벗을 옆에 두고 있는 것인가. 거울은 참으로 묘한 물건이라서 자신의 아름다움을 비춰볼 수 있는 기능도 있지만, 아이러니하게도 누군가의 감시를 받는 기능도 제공한다. 그런 의미에서 미용인은 자신의 모습을 관찰하는 특권이 남과 다르게 많다는 것과 동시에 고객이 거울을 통해 시술하고 있는 나 자신을 감시한다는 생각도 할 수가 있다. 자기 관찰과 감시 기능의 거울 앞에 늘 서 있는 자신의 모습을 본다면, 변하지 않고는 견딜 수가 없을 것이니 미용이란 얼마나 매력적인 직업인가?

다섯째, 연공 서열에 관계없이 능력에 따라 돈을 벌 수 있는 직업이다. 우리나라 직장인이라면 누구나 겪는 일 중 하나가 연공 서열로 인한 부당한 대우이다. 개인의 실력에 상관없이 나이와 직장에 들어온 순서에 따라 지위가 올라가거나 월급이 많아지는 경우가 종종 있다. 헤어살롱의 경우는 이와 다르다. 나이와 입사 기준에 상관없이 헤어 디자이너라고 하면 자신의 매출 실적에 따라 월급이 달라진다. 고객관리를 잘해서 자신의 단골손님이 많으면 당연히 월급은 올라갈 것이다. 대기업의 경우 최소 15년 이상 근무해야 연봉이 1억을 넘을 수 있다면 헤어살롱은 다르다. 최근 대규모 헤어살롱은 직원 상호간의 의욕증진을 위해서 매년 연봉 1억 이상 수여자가 몇 명인지 자랑스럽게 발표한다. 나이가 30대 초반인데도 억대 연봉을 받는 헤어 디자이너들도 부지기수다. 얼마나 멋진 직업인가!

새로운 시각으로 변화를 추구하자

헤어살롱에 근무하는 미용인의 멋진 직업에 대해서 개인적으로 느낀 점을 열거했지만, 이것이 전부는 아닐 것이다. 여러 가지 특징 중에서 눈에 띄는 일부만 언급해도 이만큼 매력적이라는 것은 어쩌면 이 직업이 '신(神)의 직장'일 수도 있다. 신의 직장이라는 용어 자체가 오래 일할 수 있고 돈을 많이 벌 수 있는 직업을 지칭한다면 말이다. 그런데 이렇게 매력 덩어리인 직업에 종사하지만 장사가 안 되고 먹고 살기 어려워져 사업장 문을 닫는 사람이 한둘이 아니다. 왜 그럴까?

현장에서 헤어살롱 경영자들을 만나고 그들과 이야기를 나누고 헤어살롱 사업을 하면서 '이런 부분이 바뀐다면 운영이 더 잘 될 텐데' 하는 생각을 가진 적이 많았다. 고객의 입장에서 때로는 제삼자의 입장에서 느꼈던 여러 가지 아이디어와 생각들을 그들과 공유하고 싶

었고, 그래서 이 책이 탄생하게 된 것이다.

첫째, 새로운 시각이 필요하다. IT 산업에 오랫동안 근무해 오면서 가장 많이 느꼈던 것은 '변화의 속도'이다. 하루가 다르게 첨단 제품들이 쏟아지고, 제품의 수명(라이프 사이클)드 짧아져 3개월 단위로 새로운 제품이 나오지 않으면 시장에서 도태되고 마는 것이 현실이다. 이런 시각에서 헤어살롱의 현재를 지켜본 결과, 업계 전반적으로 점진적인 변화는 보이지만 속도감이 거의 없다. 세상은 빠르게 변하는데 헤어살롱만이 성역으로 있는 것 같아 안타까운 마음이다. KTX 열차는 순식간에 지나간다. 열차 밖에서 두 번째 칸에 몇 명이 탔는지 세기는 어렵다. 방법은 딱 하나, 그 열차 속에 내가 타고 있어야 한다. 이것이 변화를 위한 새로운 시각이 필요한 이유이다.

둘째, 실천하지 않는다. 장사란 이익을 남기는 것이 목적인데 돈을 버는 방법을 알면서도 실천하지 않는다. 단골손님을 만드는 방법에 대해서 머리는 알지간 실제로 행동에 옮기지 않는다. 실천하지 않는 행동은 고여있는 물과 같아서 얼마 못 가서 썩어 버린다. 선종하신 김수환 추기경은 "사랑이 머리에서 가슴으로 내려오는 데 칠십 년이 걸렸다"라는 말씀을 하셨다. 우리는 늘 누군가를 사랑한다고 말을 하지만 진정 행동으로 보여주지 않는다면 진실하다 말할 수 없듯이, 알면서 실천하지 않는다면 그것은 아무런 의미가 없다.

셋째, 평생 공부해야 한다. 미용계에 들어와 여러 헤어살롱으로 강의를 많이 다니면서 느낀 점은 미용인들이 공부를 해도해도 너무 안

한다는 것이다. 해당 업무에 대한 일반 지식은 어떨지 모르겠으나, 펌이나 염색의 원리를 다루는 모발 생리학이나 탈모의 원리에 관한 일반 두피 생리학 같은 전문 지식을 알고 있는 헤어 디자이너는 거의 극소수에 불과했다. 물론 학교를 다니면서 혹은 미용 자격증을 취득할 때 기본적인 이론을 배웠다고 하지만, 지식이란 다시 공부하지 않으면 모두 잊어버리게 되어 있다. 미용에 관련된 책만 읽을 것이 아니라 여러 분야의 책을 폭넓게 읽을 필요가 있다. 고객을 만나고 그들과의 관계를 통해서 이익을 얻는 직업이므로 인간관계는 물론 대화에 필요한 지식을 많이 습득해야 한다. 책에서 정답을 찾으면 될 것이다.

넷째, 기술에만 의존하면 망한다. 첨단 분야에 근무하는 사람은 기술이 최고의 덕목이다. 기술이 뛰어나야 새로운 제품을 만들어 내고 시장을 리드할 수 있지만 헤어살롱 분야는 이와 다르다. 물론 어느 정도의 헤어시술 기술이 기본이 되어야 하지만, 일정 수준에 도달한 이후부터는 고객의 구미를 잘 이해하고 그들을 잘 설득하여 시술 비용은 물론 관련 제품의 판매를 통해 매출을 올리는 매장판매(헤어살롱 내에서 시술과 상관없이 고객들에게 제품을 판매하는 행위. 점판이라고도 한다.) 실력도 매우 중요하다. 미용기술로만 승부를 거는 것은 나머지 50%를 포기하는 것과 같다. 아직도 전체 헤어살롱의 매장판매 실적이 매출의 10% 미만이라는 것은 시사하는 바가 크다.

다섯째, 차별화가 부족하다. 남과 같아서는 남을 이길 수 없다. 전국에 많은 헤어살롱을 다녀 보았지만 남과 다른 독특한 차별화로 승부를 걸고 있는 곳은 그리 많지 않다. 같은 골목 상권에 운집해 있는 수십 개의 헤어살롱 중에서 어느 곳을 선택해서 들어갈 것인가는 고객의 마음이다. 선거철마다 각 당이 부동층 유입을 위해 온갖 방법을 다 쏟아 붓는다. 다른 당과 어떻게 다른지 다양한 차별화 방법으로 자신들의 장점을 부각시킨다. 헤어살롱에도 이런 전략이 필요하다.

chapter 2
무엇을 어떻게 바꾸어야 할까?

"어려운 상황에서도 성공한 이들은
모두 자신의 상황을 수용했으며 그것을 직시하고
명확하게 분석하였고 스스로 변화를 꾀했다.
현재 상황이 어렵고 힘들다면 그것을 극복하는 방법은 무엇인가를
고민하게 될 것이고, 이것이 행동으로 옮겨진다면 변화는 시작되는 것이다.
어떠한 일도 변화를 추구하지 않고는 바뀌지 않으며
바라는 것을 이룰 수가 없다."

'최선을 다하고 있다'라고 말해봤자 소용없다.
필요한 일을 함에 있어서는 반드시 성공해야 한다.

― 윈스턴 처칠

나 자신을 알라

사방 100m를 분석하라
무조건 베끼는 것이 우선이다
헤어살롱의 가치를 올려라
자신을 분석하고 수용하고 변화하라

사업을 하다가 잘 안 되면 우선 현 상황을 객관적으로 분석해 보는 일이 필요하다. 이때 그 부진의 원인을 내부 요인에서 찾기보다 외부 환경 탓으로 돌리는 경우가 많다. "세계 경제가 어렵고 우리나라 경제도 죽을 지경인데 이놈의 장사가 잘될 리가 없지." 하거나 "요즈음, 미용업계의 매출이 최소 30% 줄었다고 하는데 우리라고 별 수 있어?"라며 공동의 책임으로 몰고가는 경우도 있다. 장사가 안될 때 한번쯤 누구나 했음직한 푸념들이다.

업종 전반적으로 불경기에 접어들면 개별적 장사의 타격은 있을 수 있다. 최근에 가장 힘들어하는 업종 중의 하나가 건설업이라고 하는데, 건설 경기가 살아나지 않아 수많은 업체가 한꺼번에 쓰러질 수 있는 것도 업체 전반적인 현실임을 부정하지는 않겠다. 그러나 서비

스 업종의 경우에는 그 불황의 원인을 전체적인 분위기로 몰고 가기에는 조금 문제가 있다. 사회 전반적으로 힘들고 어려운 상황이라고 하지만 그것은 재래시장이나 동네상권의 경우이고 시내 대형 백화점에는 발디딜 틈이 없을 정도로 고객들로 붐빈다. 같은 서비스 업종인 헤어살롱도 예외는 아니다. 장사가 안되어 많은 매장이 문을 닫는 예도 있지만 밀려드는 손님으로 정신없이 바쁘게 일하는 매장들도 아주 많기 때문이다.

게임이론 중에 '제로섬 게임'이론이 있다. 게임에 참가하는 양측 중 승자가 되는 쪽이 얻는 이득과 패자가 되는 쪽이 잃는 손실의 총합이 0(zero)이 되는 게임을 가리킨다. 즉, 내가 10을 얻으면 상대가 10을 잃고, 상대가 10을 얻으면 내가 10을 잃게 되는 게임이다. 이처럼 내가 얻는 만큼 상대가 잃고, 상대가 얻는 만큼 내가 잃는 승자독식의 게임인 만큼 치열한 대립과 경쟁이 야기된다. 대부분의 서비스 업체들이 이런 게임을 하고 있다. 특히 좁은 상권 내에서 한 명이라도 내 손님을 놓치게 되면 다른 곳이 득을 보는 미용 업태의 환경이 그렇다.

손자병법에서 '지피지기백전불태知彼知己百戰不殆'라고 하였다. 상대를 알고 나를 알면 백 번 싸워도 위태롭지 않다는 뜻으로, 상대편과 나의 약점과 강점을 충분히 알고 승산이 있을 때 싸움에 임하면 이길 수 있다는 말이다. 사실 자신의 일터가 피비린내 나는 전쟁터라고 생각하는 사람은 드물다. 습관적으로 눈뜨면 씻고 출근하는 일상적인 일터의 개념에서 못 벗어난다. 너무 인생을 살벌하고 약육강식의 정글로 몰고 간다고 힐난할지 모르겠지만, 다람쥐 쳇바퀴 돌듯 사는 인생과 성공을 위해 열정을 다하는 인생은 차이가 크다. 그만큼 마음가짐이 중요하다고 하겠다.

헤어살롱의 경영 환경이 게임이론이 적용되는 경쟁 속에 있다면, 손자병법의 책략이 필요하다. 우선 자신이 몸담고 있는 헤어살롱의 현 상태를 정확하게 분석해 볼 필요가 있다. 그 다음 동종 업종에서 잘나가는 업체나 혹은 주변 상권에 같이 있는 업체들의 장단점을 통해 나만의 특기를 찾는 일이 중요하다.

사방 100m를 분석하라

우리나라 서비스 산업 업종의 공통적인 특징 중의 하나가 한 골목, 혹은 한 거리 내에서 옹기종기 붙어서 경쟁을 하고 있다는 것이다. 헤어살롱의 경우도 예외가 아니다. 대학가 주변의 한 골목 상권에 헤어살롱의 개수가 20~30개 된다고 하니 얼마나 경쟁이 치열한가를 절로 실감할 수 있다. 이러한 경쟁 속에서 살아남기 위해 가장 먼저 할 일은 사방 100m를 분석하는 것이다.

일단 자신이 경영하는 살롱에서 앞뒤 좌우로 일정 거리(100m 범위) 내에서 헤어살롱이 몇 개 있는지를 세어본 후, 매일 같은 시간대에 관찰하는 것이다. 메모장을 들고 상호와 함께 해당 시간대에 그 살롱에 있는 고객의 수를 세어 보자. 혹시 밖에서 볼 수 없다면 다른 사람을 시켜서, 아니면 직접 확인을 해서라도 꼼꼼하게 조사한다. 절대로

 잊어버리지 말아야 할 것은 체크하는 시간을 매일 같은 시간대로 정하고 힘들어도 일주일만 반복하는 것이다.
 일주일 간 조사를 했다면, 다음 단계는 손님이 가장 많은 헤어살롱 한 곳을 골라 직접 방문하여 왜 그 살롱만 고객이 많은지 그 이유를 조사하는 절차이다. 백문불여일견 百聞不如一見이라 스스로 헤어 시술을 받아봐야 한다. 이왕이면, 자신이 가장 잘하는 시술을 선택해서 받아보면 상대방의 기술을 파악하는데 유리하다. 예를 들어 펌이나 염색을 한다면 대부분 같은 과정을 통해서 이루어지니 대수롭지 않게 여기겠지만, 이런 시술을 받는 동안 시술자의 손놀림이나 기술을 비롯하여 고객 접대 노하우까지 꼼꼼히 살펴보란 뜻이

다. 본인이 아까운 돈을 내며 상대방의 전략을 탐색하러 왔으니 긴장을 늦추지 말고 그곳의 장점을 파악해야 한다. 같은 시간대에 다른 곳보다 왜 고객이 더 많은지, 자신의 살롱과 다른 점은 무엇인지, 그리고 돌아오자마자 그 살롱에서 느낀 것들을 파노라마 영상처럼 하나하나 떠올리며 재조명해 보자. 입구에 들어서면서 느낀 첫 인상, 중간중간 느낀 디자이너들의 기술이나 접객 태도, 살롱이 갖는 분위기 등 여러 가지를 나열하고 자신의 살롱과 비교해보는 것이다. 단순히 인테리어가 고급스럽다거나 쉽지 눈에 띄는 것들만 체크해서는 수박 겉핥기와 다를 바 없으니 다음과 같은 항목을 염두에 두자.

- 첫 방문에 대한 고객 응대방식(인사말, 친절도 등)
- 살롱의 분위기(냄새 같은 것도 체크하는 것이 중요)
- 살롱의 메뉴(가격, 자신의 시술 메뉴와 다른 것이 있는지?)
- 디자이너의 기술, 접객 태도(시술 중에 고객과 소통하는 방식)
- 디자이너의 매장판매 능력(시술 중간이나 시술 후 매장판매로 이어가는 능력)
- 확연히 차별되는 점은 무엇인가?(자신과의 차이점, 살롱의 특색 등)
- 시술 후 고객관리는 어떻게 하는가?

무조건 베끼는 것이 우선이다.

20세기 최고의 거장 피카소Pablo Ruiz Picasso는 "훌륭한 예술은 모방에서 나온다"라고 했다. 그래서 그의 초창기 작품들은 다른 화가의 작품을 베낀 것이 많다. 폴 세잔Paul Cezanne의 '목욕하는 여인들(1884~1887)'을 보며 '아비뇽의 아가씨들(1907)'을 그렸으며, 한국의 6·25동란을 그린 '한국에서의 학살(1951)'이란 작품은 마네Edouard Manet의 '막시밀리안 형제의 처형(1880)'을 보고 그대로 베꼈다. 피카소뿐만 아니라 당대의 유명한 화가들은 대부분 남의 작품을 보고 영감을 받아 그렸고, 이것이 흔한 일이었다.

오늘날 최고의 화가라고 칭송되는 고흐Vincent van Gogh도 초창기에는

목욕하는 여인들(1884~1887)-세잔 作(左) · 아비뇽의 아가씨들(1907)-피카소 作(右)

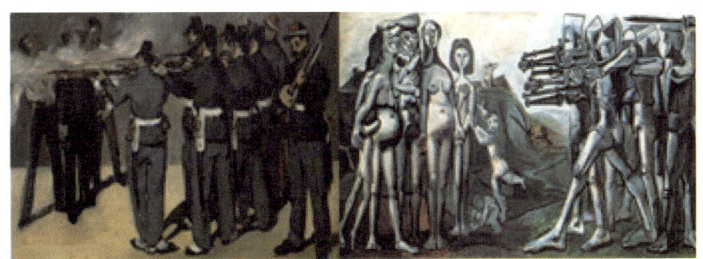

막시밀리안 형제의 처형(1867)-마네 作(左) · 한국에서의 학살(1951)-피카소 作(右)

반달낫으로 베는 사람(1852)-밀레 作(左)・반달낫으로 베는 사람(1889)-고흐 作(右)

씨 뿌리는 사람(1850)-밀레 作(左)・씨 뿌리는 사람(1889)-고흐 作(右)

삽질하는 두 남자(1885~1886)-밀레 作(左)・삽질하는 남자들(1889)-고흐 作(右)

밀레Jean Francois Millet의 많은 작품을 보고 그대로 베꼈다. 위의 연속되는 작품을 보면 색과 붓의 터치만 다를 뿐 거의 똑같은 그림 같다. 그러나 고흐는 점차 자기만의 독특한 기법을 찾았고 결국 오늘날 밀레보다 훌륭한 화가로 평가 받고 있다.

비단, 예술의 세계에서만 모방이 통하는 것은 아니다. 세계 IT사에 길이 남을 애플의 스티브 잡스Steve Jobs는 "좋은 아티스트는 베끼고 위대한 아티스트는 도둑질을 한다"는 유명한 얘기를 했다. 그가 만든 혁신적인 제품들이 100% 애플만의 창조적인 작품이 아니라 기존에 있는 제품에 가치를 더해 새로운 것으로 만들어냈기 때문에 더 위대하게 보이는 것이다.

살롱경영을 잘하려고 마음을 먹지만 당장 무엇부터 어떻게 해야 할지 모르는 경우라면, 무조건 주변에서 잘 되는 살롱이나 업계에서 제일 잘 되는 곳에 들러서 그들의 장점을 보고 베끼는 것이 우선이다. 앞에서 '사방 100m를 분석하라'고 한 이유도 주변에서 제일 손님이 많은 헤어살롱을 찾아가 그곳에서 느낀 모든 것을 보고 베끼기 위함이었다.

물론, 처음에는 단순 모방에서 출발하지만 시간이 흐르면서 조금씩 자신만의 것으로 바꾸어 나가면 된다. 남의 장점을 잘 파악하고 그것을 자신의 것으로 소화하는 것도 쉬운 일은 아니다. 성공한 살롱을 갖고 싶다면 운영이 잘 되고 고객이 많은 살롱을 찾아가서 그들이 왜 그러한지 이유를 분석하고 그것을 그대로 보고 베끼는 것이 단기간에 할 수 있는 최선책이다. 창조라는 것도 결국 여기에서부터 출발한다. 창조는 모방의 다른 말이라고 하지 않는가. 무에서 유를 창조하는 것은 인간의 영역이 아니다.

단, 이 시점에서 주의할 것은 모방을 하되 그것이 일회성으로 끝나서는 안 된다는 것이다. 지속적으로 모방하다보면 자신이 모방한 것에 대한 결과치를 눈으로 확인하게 될 것이고 모방한 것 중에서도 다시 나만의 것으로 수정할 것들이 반드시 생기기 마련이다. 이때, 나만의 방법을 만들어내고 습득하는 것이 곧 자신만의 특기가 되고 이것이 차별화이다. 그 특기를 살려서 나만의 살롱을 만드는 것이 성공경영의 기초이다.

살롱경영을 잘하기를 원하는가? 그러면 일단 잘나가는 살롱을 가서 보고 베끼는 것부터 시작하라.

헤어살롱의 가치를 올려라

살롱의 가치를 올리는 일이 무엇일까 하고 그민하는 사람들이 많다. 살롱의 가치를 올리는 일은 정말 많다. 내부 인테리어, 시술 가격, 우수한 직원, 고객접대 등등 많은 요소가 살롱의 가치를 격상시키는 데 필요한 요소이지만 그 중에서 먼저 내부 인테리어 부분을 언급하고 싶다.

현재 우리나라 대부분의 헤어살롱 운영 형태가 직원 3명 이하인 소규모 자영업체이며 이는 전체 헤어살롱의 70%를 넘는다. 헤어살롱의 수도 전국적으로 10만이 넘는다고 한다(2012년 말 기준). 해마다 점포 수는 늘어나지만 소규모 형태를 벗어나지 못하는 이유는 업종의 진입장벽이 낮은 것이 그 이유일 것이다. 나이에 상관없이 누구나 미용기술 자격증만 따면 소규모 자본으로도 살롱을 차릴 수

있다는 점은 큰 장점이라고 이미 언급했다. 반대로, 쉽게 개업을 할 수 있다는 것은 또 쉽게 문을 닫을 수 있다는 반증이기도 하다. 시내 중심가나 큰 상가가 아닌 골목 상가의 헤어살롱은 대부분이 영세성을 면치 못한다. 이러한 소규모 헤어살롱이 갖는 주 특징 중의 하나가 바로 거울이나 시술대 주변이 각종 제품 광고물들로 넘쳐난다는 것이다. 각종 업체들의 선전 포스터나 제품을 설명하는 POP들이 덕지덕지 많이도 붙어 있다. 소위 잘나가는 살롱을 방문해 보면 각종 포스터나 선전물을 찾아보려야 찾을 수가 없다. 요즈음 젊은 세대들은 고급스러운 분위기를 좋아한다. 온갖 광고물로 도배하다시피한 정신없는 살롱보다는 깔끔하게 정돈된 살롱을 훨씬 더 선호하지 않겠는가.

헤어살롱의 품격을 높이기 위해 값비싼 자재를 사용하여 고급스럽게 꾸미는 것도 중요하다. 하지만, 살롱의 규모와 상관없이 깔끔하게 정리정돈하는 것은 더 중요하다.

젊은 고객을 많이 유치하려면 살롱의 내부를 현대적 감각으로 꾸며야 한다. 누구나 살롱에 와서 차례를 기다릴 때 쉽게 이용할 수 있는 노트북이나 태블릿 PC를 갖추어 놓는 것도 좋은 아이디어다. 아주 사소한 것 같지만, 젊은 세대들이 많이 보는 특정 잡지를 갖다 놓는 것도 마케팅의 좋은 방법이다. 시장조사 차원에서 젊은이들이 선호하는 시내 중심가의 헤어살롱을 들러서 어떤 잡지를 비치해 두었는지 체크하는 것도 도움이 된다. 만약 단골손님의 취향에 맞는 마케팅을 하고자 한다면 내부 인테리어도 그들의 수준에 맞추어 주어야 한다. 자신의 살롱을 발전시키고 더 크게 운영하려면 다양한 고객들의 요구를 파악하고 그것에 맞는 방법을 도입하는 것이 상식이다.

시각적 마케팅에 좋은 방법 중 또 하나는 유명한 화가나 음악가들의 작품 해설집을 비치해 두는 것이다. 예를 들어 르네상스 회화, 인상파, 추상화 등 다양한 그림과 함께 작품 해설이 있는 책을 선택하거나 음악의 역사나 유명한 작곡가의 일대기를 쓴 책들을 놓아두자. 한결 살롱의 분위기를 살릴 수 있을 것이다. 헤어살롱이 단순히 머리를 자르고 모양내는 공간이라 치부하기보다는 폭넓은 교양과 상식을 쌓는 장소라 해도 무리는 없을 것이다. 갤러리 같은 헤어살롱을 꾸민다면 헤어스타일도 연출하고 작품 구경도 하는 일석이조의 느낌이

들지 않겠는가?

    살롱 내부에 책이나 그림을 설치해 두었다면 그것에 대한 충분한 공부가 필요하겠다. 직원들 모두가 책이나 그림에 대해 간단하게라도 설명할 수 있다면 이는 하드웨어와 소프트웨어의 적절한 소통이 이루어진 것이다. 고객 중의 누군가가 불쑥 "저기 저 그림이 누구의 작품인가요?"하고 물었을 때, 단순히 화가 이름만 언급하고 끝내는 것이 아니라 화가의 전반적인 그림풍까지 대답해 줄 수 있다면 살롱의 가치는 저절로 올라갈 것이다. 명심해야 할 것은 원장이나 몇몇 직원들만 알고 있는 상식으로 끝나서는 절대로 안 된다. 모든 직원이 폭넓게 이해하는 그런 공간이 되고 이것을 고객이 자연스럽게 느낄 수 있도록 해야 한다.

    헤어살롱의 가치를 올리는 데 있어서 몇 가지 단순하게 바꾸는 것만으로 금방 효과를 보는 것은 아님을 명심해야 한다. 고객이 처음 방문하여 느끼고 다시 재방문했을 때 지난번에 느낀 감정이 되살아나기까지 시간이 걸리게 마련이다. 가치와 문화는 쉽게 그리고 짧은 시간에 바뀌는 것이 결코 아니다.

자신을 분석하고 수용하고 변화하라

    내가 무엇인가 변화를 시도하거나 현재보다 더 좋은 환경으로 바꾸려면 나름대로 절차가 필요하다. 헤어살롱을 경영하면서 점포 수를 확대하거나 고객의 수를 더 많이 유치하고자 한다면 일정한 패턴

을 갖고 변화하기를 바란다.

우선 자신을 분석하라. 이미 나 자신의 상태를 분석하는 것이 얼마나 중요한지 앞에서 다루었다. 현재 나 자신에 대한 정확한 분석이야말로 모든 비즈니스의 기본이다. 다음은 자신에게 놓인 상황들을 받아들이는 일이다. 사람들이 쉽게 간과하는 것 중의 하나가 자신이 처한 상황을 인정하지 않거나, 때로는 현 상황을 너무 비관적으로 생각해 쉽게 모든 것을 포기해 버리는 것이다.

한국에도 온 적이 있는 세계적인 힐링 강사, 닉 부이치치Nicholas James Vujicic를 모르는 사람은 없을 것이다. 태어나면서부터 팔다리가 없고 오직 왼쪽 작은 발만 있었던 그는 얼마나 자신의 상황에 대해서 좌절과 실망을 했겠는가? 보통 사람들이라면 이런 상황을 비관하여 생을 접었을 텐데 그는 모든 것을 있는 그대로 받아들이고 자신의 처지를 극복하려고 노력했다.

세계적인 명문의대 존스 홉킨스의 이승복 박사도 닉 부이치치와 다를 바 없다. 8살에 부모를 따라 미국에 이민을 갔고, 기계체조의 한국 대표로 나가려다가 연습도중 착지 실수로 목이 부러져 하루아침에 사지가 마비되었다. 불과 그의 나이 열여덟이었다. 모든 것이 절망적인 상황에서 그는 자신의 처지를 담담히 받아들이고 재활을 위해 안간힘을 쏟았고, 그 결과 그는 세계 최고 의대에서 재활과 교수로 활동하고 있다.

세계 곳곳에 이러한 감동적인 스토리가 비일비재하다. 이 모두가 자신의 상황을 수용했으며 그것을 직시하고 명확하게 분석하였고 스스로 변화를 꾀했다. 현재 상황이 어렵고 힘들다면 그것을 극복하는 방법은 무엇인가를 고민하게 될 것이고, 이것이 행동으로 옮겨진다면 변화는 시작되는 것이다. 어떠한 일도 변화를 추구하지 않고는 바뀌지 않으며 바라는 것을 이룰 수가 없다.

주위에 아직 남아있는
아름다운 모든 것을 생각하고 즐거워하라.

- 안네 프랑크

무조건 소통하라

나부터 소통하라
잘 들어야 한다
직원과 소통하라
고객과의 소통 : 고객의 역사를 만들어라
고객과 연애하라
향기 나는 살롱을 만들어라
스마트하게 소통하라

최근 '소통疏通'이라는 화두가 대두되고 있다. 모두 '소통'을 말하지만 관계 속에서 가장 어려운 부분이 소통이다. 우스개소리로 소牛끼리 통하는 것이라 사람에게는 힘든 일이라고도 한다. 누군가와 '대화'를 한다는 것이 이야기를 주고받고 의사를 전달한다는 의미라면, '소통'은 서로의 말뜻을 알아듣고 서로 통하는 것을 말한다. 소통은 참으로 묘한 것이라 가장 가까운 부부사이, 부모자식 및 가족들끼리도 때때로 잘 안되는 경우가 생기는데, 하물며 타인과의 관계 속에서 원활한 소통을 한다는 것이 쉽지 않다는 것은 당연한 일이다. 인간사 자체가 소통만 잘 되어도 만사형통일 것이다.

헤어살롱을 잘 경영하려면 경영자가 갖추어야 할 기본 자질 중에 소통이 으뜸이라 해도 과언이 아니다. 일단 한 가족처럼 지내야 하는 전체 직원들과 바른 소통이 이루어지도록 노력해야 하고, 다음에는 자신의 살롱 전체를 먹여 살려줄 고객과의 소통을 잘 이끌어내야 하기 때문이다. 양자 중 어느 하나를 소홀히 해서는 훌륭한 헤어살롱을 만들 수 없다. 내부 소통이 안되어서 직원들의 이직이 많거나 고객과의 불통으로 단골손님이 없다면 살롱 자체를 운영할 수가 없다. 그러면 모든 직원들이 가족처럼 느끼고 찾아오는 고객이 넘쳐나는 헤어살롱을 만들려면 어떤 소통이 필요할까?

나부터 소통하라

살아가면서 늘 우리는 남과 대화를 한다. 대화 없이 산다면 산에서 도를 닦거나 혹은 면벽面壁을 하며 묵언수행을 하는 수도자가 될 수밖에 없다. 일상적인 소통의 뜻을 분석해보면, 소疏 트일소와 통通 통할통은 한마디로 '뻥 뚫려서 통한다'는 뜻이다. 그래서 대부분 타인과의 관계 속에서 소통의 의미를 찾는다. 상대방과 소통이 잘 안되면 모두 자신의 문제코다는 상대방에게서 원인을 찾으려 한다. 누구와도 대화할 수 있기 위해서는 우선 내 안에 소통을 가로막는 장벽이 있음을 알아야 하고, 그것을 찾는 것이 열쇠다. 내부의 장벽은 찾는 순간 쉽게 내려놓아야 한다. "난 가진 것이 없어서", "학벌이 짧아서", "얼굴이 못생겨서" 그리고 "난 뚱뚱해" 등 이런 것들이 내 안에 드리운 장벽들이다. 이 장벽을 인정하고 자신과 소통하는 힘

을 키우는 것이 가장 우선되어야 한다. 나에게 존재하는 장벽을 내려놓지 않으면 타인과의 대화는 물론 리더로서의 자질도 의심받게 된다. 항상 자신이 행하는 일이 불만족스럽고 그래서 더욱 상대방과의 대화가 거칠어지는 경우가 많다. 상대방과 나 사이를 가로막고 있는 것을 제거하여 서로 연결하자는 것, 이것이 바로 소통이요, 이것을 가로막고 있는 것이 타인에게 있는 것이 아니라 나 자신에게 있음을 자각하자.

누구도 상대방의 문제점을 개조하려고만 들기 때문에 싸움이 발생한다. 서로간의 차이점을 인정하고 자신의 장애물을 먼저 제거하며, 양보와 배려가 뒤따른다면 소통은 저절로 이루어진다. 여기서 헤어살롱 경영자로서의 기본 자질이 중요해진다. 살롱 전체가 소통이 안 된다면 우선 원인이 어디에 있는가를 분석해야 한다. 직원들과 소통하려면 직원을 바꾸기보다 나 자신이 먼저 바뀌어야 한다. 그래야 직원들의 가슴 속 이야기도 들을 수 있고 그들의 원하는 방향이 무엇인지 내 마음속으로 들어온다.

간단한 예로, 물이 가득 찬 물컵에는 더 이상 아무 것도 채울 수가 없다. 그 물컵을 비우지 않고서는 말이다. 남과의 소통도 이런 의미에서 접근한다면 아주 쉬워질 것이다. 소통이 가지는 진정한 의미가 '뻥 뚫려서 통한다'라는 개념이라면 먼저 나 자신부터 뻥 뚫어야 하지 않을까.

잘 들어야 한다

영문과를 전공할 때 가장 많이 들었던 질문 하나가 "영어를 잘하려면 무엇을 잘해야 하지요?" 인데, 그때마다 내 답은 명쾌하다. "무조건 열심히 들으세요" 영어를 잘하든 못하든 상대방의 이야기를 듣지 않으면 내가 해줄 수 있는 말은 없다. 말하는 것 자체가 상대방과의 대화인데 남의 말을 듣지 않고 어떻게 이야기를 할 수 있겠는가.

프랑스 문호 앙드레 지드 Andre Gide 는 "모든 것에 대해 이미 누군가 말했다. 그러나 아무도 듣지 않기 때문에 우리는 계속 뒤로 돌아가 처음부터 다시 시작해야 한다"고 했다. 상대방의 말을 듣지 못하는 이유는, 듣는 척하며 딴 생각을 하거나 의도적으로 듣지 않거나, 대화 중에 남의 말을 듣기보다 내 할 말이 더 중요하여 자신이 할 말만 생각하고 있어서이다. 대화 중에는 상대방이 하는 이야기를 진심으로 들어야 내가 하고 싶은 말도 진심으로 나온다. 건성으로 듣는 마음은 상대에게 해야 할 이야기도 모두 건성으로 하게끔 되어 있다.

대화의 기본. A와 B의 교집합(A∩B)

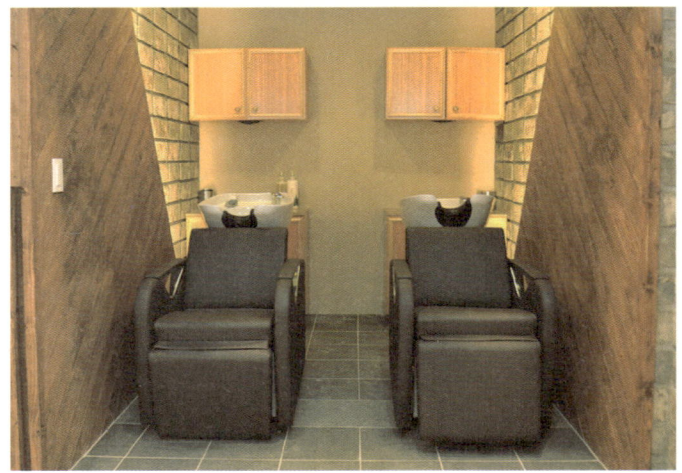

대화의 기본 조건 중에 '1, 2, 3 법칙'이 있다. 내가 1분 이야기하고, 상대방의 이야기를 2분간 경청하고, 상대방이 이야기할 때 최소 3번 이상 박자를 맞추어 주라는 것이다. 자신의 이야기보다 남의 이야기를 듣는 경청의 자세가 중요함을 알려주는 법칙이다.

앞의 그림에서처럼 대화의 기본은 한 사람이 이야기하면 다른 한 사람은 열심히 들어야 한다. 상대방의 이야기에 경청하는 것은 소통의 두 번째 요건이다. 열심히 듣다보면 자신과의 공통점과 차이점을 파악하게 되고 그래서 상대방에 대한 이해심도 싹트게 된다. 직원과의 소통을 원한다면, 그들의 이야기를 마음껏 들어주라. 소통은 많은 대화를 해야 하는 것이 아니라 열심히 들어주는 것임을 새삼 깨닫게 될 것이다.

직원과 소통하라

헤어살롱을 운영하는 많은 원장들의 하소연 중의 하나가 사람 구하기도 어렵고, 직원들의 잦은 이직 때문에 경영환경이 어렵다는 것이다. 소위 큰 프랜차이즈나 직영점이 많은 업체의 경우 미용학과를 가진 대학들과 손잡고 산학연동을 통한 인력을 충분히 공급받고 있어서 다행이지만, 그렇지 못한 소규모 자영업자의 경우는 구직을 원하는 사람들조차도 찾기 힘들고 지방에 있는 헤어살롱은 대도시에 근무하려는 경향 때문에 사람 구하기란 하늘의 별따기 만큼 어렵다고 한다. 당장 시급한 것은 신규채용이 아니라 직원의 이직을 막는 것이다. 직원의 이직은 대부분 경영자인 나와 직원과의 소통의 부재에서 오는 경우가 많다.

이직은 굳이 미용계에서만 있는 문제라기보다는 모든 직업에서 일어나는 현상으로, 이직을 원하는 사람들을 직접 인터뷰해보면 대부분 세 가지 문제로 귀결된다.

첫째, 일하는 부서의 상사(바로 위 직급의 상사나 혹은 소규모 사업장의 경우 소유주)가 마음에 들지 않아서, 둘째, 다니는 직장의 비전이 없어서, 셋째는 월급이 너무 적어서이다.

재미있는 사실은 상사나 고용주의 입장에서 직원의 이직에 대한 견해를 들어보면 확연히 다르다. 자신의 사업장에서 직원 이직이 있을 때, 왜 이직하는가를 물어보면 첫째, 타 업체보다 월급이 적어서, 둘째, 그 직원의 능력과 성격이 다른 직원들보다 못해서라고 말한다. 바로 이런 부분이 상호 소통 부재의 결과라고 하겠다. 그만두는 직원과 고용주의 입장이 이렇듯 서로 명확하게 다른 이유는 무엇일까? 그 원인을 명확하게 분석하고 대처하지 않는 한, 서로 상대방을 탓하게 되고 앞으로도 개선의 방향이 보이지 않게 되어 결국 함께 일하기 싫은 곳이 되는 것이다.

우선 직원과 원장(사업주나 혹은 헤어살롱의 대표)간의 소통의 부재를 막아야 한다. 좁은 공간에서 하루 중 최소 8시간 이상 함께 일하는데 뜻밖에 소통 없이 지내는 경우가 허다하다. 출근하자마자 바로 고객이 몰려오거나 온종일 고객이 끊임없이 방문하면 주어진 자신의 일에 충실하다보니 누구와 대화한다는 것 자체가 불가능한 경우가 많다. 물론, 고객이 없어 시간이 많이 날 때도 있지만, 오히려 이 시간에는 대화보다는 일상적인 서로의 습관들-책을 보거나, 모바일 게임 및 채팅 등-로 시간을 보내는 일이 허다하다.

  상호간 소통의 기본은 남에게 자신의 시간을 할애해주고 배려해주는 것이다. 규모에 상관없이 살롱을 운영하는 원장이면 직원들과의 대화 시간은 반드시 가져야 한다. 직원이 여럿이 있을 때의 대화는 주로 고객이 없는 사업장 오픈 전에 갖는 것이 중요하다. 이때는 반드시 따뜻한 커피나 차 그리고 가능하다면 조그만 케이크나 빵이 곁들여진다면 금상첨화. 직원이 2명 이상 모여 있을 때는 절대 누구의 개인적인 험담이나 잘못을 지적하지 말아야 한다. "오늘 하루를 힘차게 시작하자"거나 "온종일 웃음을 잃지 말자"와 같은 긍정적인 메시지 전달이 최고다. 여럿이 토론하는 시간을 가지면 살롱 전반에 대한 건의사항이나 고쳐야 할 점들을 물어보는 것도 매우 좋다. 전 직원이 가지는 공감대 형성도 살롱 소통에 빠져서는 안 된다. 자신이 근무하는 살롱이 다양한 변화를 추구하는데 그 내용을 모르거나 소외되어 있다면 그 직원은 원장의 운영방식에 마음속 깊이 찬성하지 않을 것이다. 함께 하는 대화 속에서는 모든 사람이 공감하는 이야기나 함께 느끼는 문제점들을 언급하면 뜻밖의 문제점들이 쉽게 해결되는 경우가 많고 살롱 전체 분위기도 좋아진다. 살롱의 문제점을 건의하는 직원들에게는 소정의 선물을 주는 것도 좋은 의견을 이끌어내는 방법의 하나다.

  다음은 직원 개인과의 1:1 대화다. 직원과의 개별 대화는 반드시 일주일에 한 번 정도 정규적으로 가지는 것이 필요하다. 직원과의 대화 부재는 직원 스스로 소속감을 떨어뜨리는 원인이 될 것이고, 반대로 대화 시간을 많이 가져주고 원하는 것이나 불편사항을 잘 들어주는 느낌을 받는다면 그 직원은 가족과 같은 유대감이 더욱 강화될 것이다. 직원이 어떤 문제를 일으키거나 살롱 발전을 저해하는 일이 발생했을 때, 남들이 보거나 다른 직원이 듣는 곳에서 꾸지람하거나 욕을 한다면 큰일이다. 반드시 다른 곳으로 데리고 가서 차분하게 문제점을 이야기하고 앞으로 재발하지 않도록 주의를 주는 것이 중요하다. 좀더 효과적인 설득 방법 중의 하나는 화법을 '너' 위주에서 '나' 위주로 바꾸는 것이다. 예를 들면, "내가 생각해보니 원장으로서 이런 부분을 수정하지 않아서 잘못된 것 같아. 앞으로 이 부분은 내가 반드시 바꿀게. 그리고 우리 매장이 발전하기 위해서 너도 이런 부분은 조금 바꾸어 주면 좋지 않을까?" 라고 이야기한다면 상대는 반드시 긍정적으로 받아들일 것이고 자기 잘못을 스스로 수정할 것이다. 만약, 모든 직원이 있는 곳에서 문제성 직원을 혼낸다면 그 직원의 마음 속에는 "원장, 너나 잘해라" 식으로 반발하거나 하루 빨리 다른 곳으로 이직해야겠다는 생각이 앞설 것이다.

　남의 잘못이나 실수에 대해 지적을 할 때는 반드시 아래와 같은 사항을 점검하여 접근하는 것이 좋다. 혼을 내더라도 인간적인 관심과 애정 때문에 하는 것임을 상대방도 느끼게 된다면 그 리더는 멋진 리더가 지녀야 할 자질을 갖추고 있음은 물론 진정한 소통을 하고 있는 것이다.

- 특정한 일에만 국한해서 지적하고 있는가?
- 지적을 하다보면 나도 모르게 예전 상대방의 실수가 떠올라 감정이 증폭되는가?
- 인격적으로 상처 입을 만한 말을 내뱉지는 않았나?
- 특정 직원에 대해 선입관을 갖고 부정적으로 보고 있지는 않은가?
- 같은 잘못에 대해서는 누가 했는가에 상관없이 일관된 평가와 지적을 하고 있는가?
- 내 개인적 경험 때문에 과도한 질책을 하는 것은 아닌가?

1990년에 미국 예일대학교 심리학 교수 피터 샐로베이 Peter Salovey와 뉴햄프셔대학교 심리학 교수 존 메이어 John D. Mayer가 이론화한 개념 중에 감성지수 Emotional Quotient 또는 감정적 지능지수가 있다. 지능지수 IQ와는 질이 다른 지능으로, 마음의 지능지수라고 할 수 있다. 감성지수는 조직에서 상사와 동료, 부하직원들 간에 얼마나 원만한 관계를 유지하고 있으며, 개인이 팀워크에 어느 정도 공헌하고 있는가를 평가할 수도 있어 많은 기업이 감성지수를 중요하게 생각한다. 헤어살롱에서도 감성지수가 높은 조직일수록 이직률이 낮았다. 가족 같은 분위기 속에서 근무하니 일의 능률도 덩달아 올랐다. 경영자로서 직원 하나하나의 마음을 읽는 일은 곧 이 감성지수를 끌어올리는 일이다.

마지막으로, 직원들에게 성공에 대한 꿈을 심어주고 체계적인 교육을 통해서 자신이 향상되어 가고 있고 성장하고 있다는 인식을 갖게 해주는 것도 훌륭한 소통의 방법이다. 몇 년 후에는 몇 호 점을 가질 것이고 네가 앞으로 그 매장의 원장이 될 수 있다는 희망이 함께한다면 그 직원은 그 꿈을 위해서 더욱 열심히 일할 것이다. 업계에서 새로운 기술에 대한 세미나나 경영 및 인성 교육이 있으면 적극적으로 직원들을 참여시키자. 자기계발에 투자하는 시간이 쌓이면 그만큼 더 살롱을 위해서 최선을 다할 것이다. 꿈을 위한 열정과 체계적인 자기계발은 소통하는 살롱의 필수 조건임을 명심하자.

고객과의 소통 : 고객의 역사를 만들어라

자신의 헤어를 관리하기 위해 특정 살롱(단골 살롱)을 정해두고 가는 이유는 여러 가지가 있겠지만, 개인적인 경험상 두 가지 이유로

압축할 수 있다. 헤어 디자이너가 내 마음에 쏙 들게 해주거나 집 주변에 가까운 곳이기 때문이다. 그런데 갈 때마다 담당 디자이너가 반갑게 맞이해주고 디자이너가 물어보는 이야기에 대답은 하지만 나 자신이 이 살롱에서 제대로 고객관리를 받고 있는지 의문스럽다. 내가 1년간 몇 번 왔고 무슨 시술을 받았는지 등의 기본적인 데이터 관리가 되고 있는지, 나를 위해 얼마나 다양한 정보를 제공해줄 수 있는지 궁금하다. 섣부른 판단일지도 모르지만 나에 대한 데이터가 아무것도 없을 가능성이 높다. 컴퓨터 상에 기록된 데이터에는 언제 어느 시점에 와서 지급한 비용에 대한 내용만 있을 확률이 크다. 아무런 특징 없이 그저 매출을 올려주는 수많은 고객 중의 한 사람으로 말이다.

정말 VIP 고객을 원하는가? 그렇다면 모든 고객의 역사를 기록할 노트를 준비해야 한다. 가능하면 한 고객당 한 권의 노트를 만들어두는 것이 좋다. 일부 헤어살롱에서는 고객관리 카드를 만들고 있다고 한다. 그러나 이것은 고객의 이력서만 만드는 것이며 컴퓨터가 다해준다. 특정 업체가 제공하는 고객관리 프로그램이 있으므로 이것은 식은 죽 먹기이다. 이런 단순한 방식의 고객관리는 제대로 된 것이 아니며 누구나 다하고 있는 낡은 방식이다. 그렇다면, VIP 고객관리를 위한 특별한 방법은 무엇인가? 그 답은 아날로그 감수성을 도입하는 것이다.

첫째, 들어오는 모든 고객의 시술 전·후 사진을 찍어라. 과거에는 필름이 필요하고 그것을 현상하는 등의 번거로움이 있어서 사진으로 고객관리가 어려웠다. 그러나 지금은 모든 휴대전화기에 카메라가 달려서 바로 사진을 찍는 것은 일도 아니다. 사진을 찍기 싫어하는 고객이 있을 경우, 시술 전 사진은 불가하더라도 시술 후 머리 부분만 찍을 수 있도록 양해를 구한다. 물론 그런 고객에게는 "다음번 관리를 위해서 고객님의 현재 시술된 모발과 디자인 상태를 참조하려고 합니다"라고 다른 의도가 없음을 알려주는 일이 필요하다. 고객에게 왜 사진을 찍는지를 명확하고 정중하게 설명해주고 그래도 양해가 어려울 때는 시술한 뒷모습이라도 찍어 두어야 사후관리를 효과적으로 할 수 있다.

둘째, 자신이 시술한 고객의 시술 전·후 사진을 인쇄해서 고객관리 노트에 개별적으로 붙여라. 그리고 시술 일자와 그날 왜 이런 스타일을 했는지, 또 고객의 관심사가 무엇이며 시술 중에 대화한 내용

이 무엇인지 고객관리 노트에 세심하게 적어둔다.

셋째, 지난번 찍어둔 사진이나 고객관리 노트를 가지고 고객과 상담하라. 만약 고객이 다시 방문하기 위하여 예약을 해올 때, 고객이 도착하기 최소 5분 전에 그 고객의 지난번 헤어스타일을 사진을 통해서 확인하고 이번에 권할 스타일을 마음속에 그리는 것이다. 고객이 약속시간에 도착하면 자리로 안내하고 "고객님, 지난번 제가 시술한 사진입니다. 고객님 오시기 전에 고민해 보았는데 이번에는 얼굴 오른쪽 볼 부분을 더 강조했으면 좋겠습니다. 고객님은 양쪽 볼 다 아름다우시지만 오른쪽 부분에 좀더 포인트를 두면, 얼굴 전체의 복스럽고 귀여운 부분이 더 살아나 인상이 더욱 좋게 보일 것입니다. 처음에는 며칠간 어색하시겠지만, 시간이 지나면 곧 익숙해지실 것입니다"하고 어느 디자이너가 권했다면, 고객의 입장에서 어떤 느낌이 들까? 우리는 헤어살롱에서 일하는 미용인을 헤어 디자이너 혹은 헤어 스타일리스트라고 칭한다. 고객이 오면 "헤어 컷 하신지는 얼마나 되었으며 어떤 스타일을 원하시는지요?" 라고 묻기보다, 디자이너로서 먼저 고객의 얼굴 형태에 따라 적절한 스타일을 제시하는 것이 진정 프로 스타일리스트라 생각한다.

미美를 창조하는 사람들에게 스스로 미적 감각이 어느 정도 되는지를 물어본다면 조금 당황스러울 수 있겠다는 생각이 든다. 미적 감각이란 추상적인데 그것을 계량화시킨다는 자체가 웃기는 이야기다. 하지만 스타일 창조를 목숨처럼 생각하는 사람들이라면, 자기 특유의 심미안審美眼(아름다움을 살펴볼 수 있는 안목)으로 고객이 스스로 찾지 못하는 미를 찾아 주는 것이 프로의 의무가 아닌가?

누군가를 마음속에 그리는 것은 그 사람을 무척이나 생각하고 그리워했다는 의미이다. 고객이 오기 전에 지난번 시술 사진을 보고 오늘 해야 할 스타일을 그려 놓고 기다린다면 그 고객은 감동할 수밖에 없다. 지난번 시술 중에 고객이 우연히 한 이야기를 귀담아들어 두었다가 고객관리 노트에 적어두고 다음 방문 때 "고객님, 둘째 아드님 경찰대학에 시험 봤다고 하셨는데 결과가 나왔는지요? 당연히 붙었겠지만"이라고 안부를 묻는다면 그 고객은 아마 최근에 유행하는 표현으로 '허걱' 할 것이다. 무심결에 한 자신의 이야기를 한 치도 헛들지 않았다는 뜻이니 그 자체로 감동의 도가니일 것이다.

고객이 하는 말 한 마디 한 마디를 건성으로 들어서는 절대로 평생 고객을 만들 수가 없다. 평생 내 고객으로 만들고 싶은 마음은 간절한데 고객을 지나가는 강아지 대하듯 하면 누가 내 살롱을 잊지 않고 찾아올 것인가?

결국, 고객과의 소통은 나 자신의 매출액을 올려놓는 직접적인 요인이 된다. 오늘부터 당장 고객관리 노트를 만들자. 이렇게 했음에도 불구하고 고객이 다른 곳으로 방문했다면 여러분은 바로 주변의 경찰서에 가서 고객관리 노트를 보여주며 이 사람을 잡아달라고 요청을 해야 한다. 이 VIP 고객이 다른 살롱으로 가서 외도하고 있다고.

고객과 연애하라

청춘남녀가 연애할 때를 생각해 보자. 하루만 못보아도 상대방이 그립기만 하다. 고객을 연인처럼 여기는 것도 VIP 고객관리에 매우 필요하다. 보통 연인들이 사귀는 일반적인 과정을 살펴보자.

1. 상대방의 마음을 사로잡고 싶어 한다.
2. 사랑에 빠질 준비가 되어 있다.
3. 서로 기쁘게 해줄 준비가 되어 있다.
4. 서로 새로운 점을 찾고 싶어한다.
5. 함께 행복한 미래, 아름다운 비전을 그린다.
6. 끊임없이 서로의 사랑을 확인한다.

위와 같은 과정을 그대로 고객관리에 적용하면 다음과 같다.

1. 신규 고객에게 어떤 식으로 대할까? 기존 고객에 대한 어떤 것을 준비할까?
2. 고객이 오시기 전에 우선 고객의 모습을 그려 본다.
   (예약된 기존 고객의 경우)
3. 오늘의 스타일을 확정하고 고객에게 충분히 설명한다.
4. 고객에게 도움이 될 만한 전문 정보를 제공한다.
   (전문 정보의 예: 탈모상식, 계절별 두피관리, 탈모와 음식 등)
5. 다음 관리를 위해 사진을 찍고 고객관리 노트를 만든다.

(시술 중에 있었던 중요 대화 내용, 전화번호 등을 기재)
6. 주기적으로 고객에게 유익한 정보를 문자 메시지나 메일로 제공한다.

고객과의 친밀한 관계를 유지하는 것도 좀더 현명하게 대응했으면 한다. 너무 처음부터 친한 척 하는 것도 상대방이 불편할 수 있다. 고객의 성격을 빨리 파악하여 적절하게 대응하는 힘을 기르자. 그 고객을 오랫동안 단골손님으로 모시고 싶다면 어쩌면 남녀관계의 연애기술처럼 밀고 당기는 기술이 필요하지 않을까?

향기 나는 살롱을 만들어라

가끔 경험하는 일이지만 어떤 레스토랑에 들어가면 왠지 따뜻하고 평온한 느낌이 드는 곳이 있다. 음식 맛을 보기도 전에 전체 분위기만으로 왠지 맛있을 것 같은 느낌, 요리사의 정성이 가득 담긴 음식을 즐겁게 테이블에 놓아주는 종업원만 보아도 절로 행복해지는 이유는 바로 그 레스토랑이 주는 향기 때문이다.

헤어살롱도 예외는 아니다. 모든 직원이 싱글벙글하고 금방 개그콘서트를 본 사람처럼 밝은 표정을 짓고 고객을 맞는다면, 고객에게도 자연스레 밝은 미소가 전이되게 마련이다. 인사를 할 때 자주 범하기 쉬운 일은 진심으로 우러나오는 인사가 아닌 형식적인 인사치레에 그치는 경우가 많다는 것인데, 고객에게 금방 그 마음이 전달되

므로 주의를 해야 한다. 이처럼 향기 나는 살롱을 가진다는 것은 쉬운 일도 아니고 또 그렇게 어려운 일도 아니다. 몸이나 옷에 뿌리면 금방 효과 나는 향수perfume와는 달리, 헤어살롱의 향기는 시간과 노력의 대가가 필요하다. 그래서 헤어살롱의 향기는 직원 모두에게 달려 있다. 직원의 향기는 누가 만들어 주는가? 그것은 모두 살롱 경영자의 책임이다.

아침을 시작하면서 당일 주요 전달사항을 공유하고, 생일인 직원이나 칭찬할 직원에게 아낌없이 표현하며, 일상적인 매뉴얼 숙지 등 활기찬 아침을 준비하자. 첫 고객이 들어오면 모두 함께 미소지으며 큰소리로 "안녕하세요, 좋은 아침입니다"라고 인사를 건네면, 고객의 기분도 덩달아 좋아진다. 고객이 많고 적음을 떠나 해야 할 인사를 하지 않고 얼굴 찌푸리고 있다면 그 피해는 고스란히 살롱 전체가 받을 것이다.

공부하는 살롱 같은 지적인 향기가 느껴지는 곳도 있다. 앉아서 대기하는 곳에 많은 책이 있고 그것도 모든 디자이너가 같은 책을 읽고 있는 경우도 많이 봤다. '독서경영'이라는 경영자의 원칙이 오래전부터 전체 매장에 스며들어 있어야 가능한 이야기다. 심지어 한 달에 한 번씩 모여서 독서 토론회를 개최하거나 뮤지컬, 영화, 혹은 연극을 단체로 보고 각자가 느끼는 소감을 이야기하는 문화체험 토론회를 지속해서 가진다면 살롱문화도 시나브로 싹틀 것이다.

결국, 살롱의 향기는 그 살롱 고유의 문화라고 명명하고 싶다. 문화는 하루아침에 만들어지지 않는다. 로마가 하루아침에 이루어지지 않았듯 그 살롱의 문화도 단숨에 생기는 것이 아니다. 자신의 살롱이 특색 있는 문화를 가지거나 고유의 향기를 갖게 하려면 일단 경영자가 나름의 철학과 확고한 신념을 갖고 일관성 있게 밀어붙이는 것이 필요하다. 무엇을 통해서 살롱 전체를 소통시킬 수 있을지는 경영자 스스로 자문해야 할 일이다.

스마트하게 소통하라

요즈음은 SNS Social Networking Service 가 대세다. 모두 가지고 다니는 휴대전화기에 정신이 빠져 있다. 휴대전화기가 없었을 시절에는 어떻게 살았을까 싶을 정도이다. 지하철이나 버스를 타거나 심지어 거리를 걸으면서도 손에 쥔 조그만 단말기에서 눈을 떼지 않는다. 이미 휴대전화기는 우리 삶 속으로 너무 깊숙이 파고들었으며 우리 스스로 헤쳐나오기 힘들다는 사실을 부인할 수도 없는 처지이다. 어차피 빠져나올 수 없다면, 그런 첨단의 기기를 즐기며 자신의 살롱 경영에 필요한 도구로 사용하는 것은 어떨까? 피할 수 없다면 제대로 즐기자는 것이다.

　최근에 유행하는 바이럴 마케팅 Viral Marketing 을 알고 이것을 활용하자. 바이럴은 '바이러스 성의, 바이러스에 의한' 이라는 뜻으로 바이러스에 감염되듯 전파되는 것을 마케팅에 활용한 것이다. 바이럴 마케팅의 핵심은 기업이 스스로 입소문을 내는 것이 아니라 기업의 마케팅을 접한 소비자들이 자발적으로 지인들에게 추천하며 입소문이 발생하는 형태이다. 실제로 바이러스처럼 입소문을 타고 유명해지기란 쉽지 않지만, 현재 스마트폰을 통해 유행하고 있는 '카카오스토리 Kakao Story'나 '밴드 Band' 등을 활용하여 매니아층을 만들어 가는 것도 바이럴마케팅의 한 방법이다. 이미 많은 헤어 디자이너들이 살롱의 홈페이지나 블로그를 만들어 홍보를 하고 정보를 공유하고 있고, 온라인 마케팅에 대해 따로 공부하며 새로운 방식에 발빠른 움직임을 보여 주고 있다. 그러나 온라인 마케팅에 얼리버드 early-bird 처럼 전문가 수준의 지식을 누구나 가질 수는 없다. 그러나 큰 공부없이 손쉬운 가장 좋은 현대적 마케팅 방법이 '문자 정보'를 고객과 교환하는 것이다. 예를 들면, 고객에게 주는 가장 좋은 메시지는 무엇일까를 생각해서 그것을 주기적으로 전달하는 것이다. 과거 '고도원의 아침편지'를 아침마다 메일로 받아 본 적이 있는데 글을 읽을 때마다 기분이 좋고 아침을 시작하는 활력소가 되었다. 이처럼 매일 아침마다 문자 메시지를 보내는 일은 쉽지 않은 일이다. 좋은 글이나 정보를 주기 위해 공부도 많이 해야 하고 지극정성의 노력도 필요하다. 현실적으로 매일은 불가능하지만, 최소한 일주일에 한 번 정도 미용에 관한 정보를 제공하는 일은 쉽고도 좋은 방법의 스마트한 고객소통이다. "고객님, 금주부터는 가을로 접어듭니다. 가을에는 다른 어느 계절보다 탈모 현상이 심합니다. 가을철 탈모관리에 대해서 저희 살롱에서 10월 7일 특별 세미나가 있습니다. 참가비는 무료이며 방문하셔서 좋은 정보를 얻으셔서 가을철 탈모를 극복하시기 바랍니다"라고 문자를 보낸다면, 그 정보는 얼마나 유익한 것인가? 세미나에 참석하고 하지 않고에 의미를 둘 필요는 없다. 누구든지 좋은 정보를 받을 수 있는 환경을 제공하면 고객과 소통의 길은 자연스레 열리는 것이다. 굳이 세미나가 아니어도 좋다. '가을철 모발 관리법'이라는 정보를 제공해도 되며 주로 일상적인 미용에 관한 상식을 알려준다면 받는 고객의 입장에서는 고마운 일이고 그것이 인연이 되어 단골이 될 가능성이 높아지는 것이다.

스마트한 시대에 우리는 스마트한 정보를 고객과 나누어야 할 필요가 있다. 이런 작은 행동이 VIP 고객관리에 있어서 소금과 같은 역할을 해줄 것이다.

명확히 설정된 목표가 없으면,
우리는 사소한 일상을 충실히 살다
결국 그 일상의 노예가 되고 만다.
- 로버트 하인라인

목표를 숫자로 이야기하라

경영은 숫자다. 목표를 공유하라
하루하루 실적을 분석하라
꿈과 목표를 구분하라

문제의식을 갖자는 말은 많이 하지만 문제가 무엇인지 모르는 경우가 많다. 문제란 목표와 현실의 차이GAP이다. 문제의식이 있으려면 자기가 하고 있는 업무에 대한 정확하고 '정량적인 목표'가 있어야 하고, 현상에 대한 정확한 평가가 있어야 한다. 목표가 없으면 당연히 문제의식이 생길 수가 없고, 목표가 있더라도 현실을 제대로 파악하지 못하면 무엇이 부족한지 모른다. 그래서 다음과 같은 공식이 성립한다.

문제(GAP) = 목표 − 현실

문제를 파악하기 위해 '정량적인 목표'가 필요하다면, 목표는 어떻게 세우는 것이 효과적일까.

아래 도표는 쉽게 목표를 세우는 방법을 도식화하였다. 목표는 구체적이고 실현 및 측정 가능하며 시간적 제한을 두는 것이 바람직하다. 그래서 목표를 가능한 '구체적인 문장으로 외우는 습관'을 들이자. "이번 1월 매출목표는 총 1억이며 구체적으로 펌과 염색 고객을 일일 10명 이상 유치한다"라는 문장은 매우 구체적이며 실현 가능한 방법까지 잘 기술한 예다. 문장으로 외우는 목표는 기억하기도 쉽고 명확하게 와 닿는다.

목표설정의 방법

What (대상)	When (달성기한)	How much (정량/수치)	How (달성방법)
무엇을	언제까지	얼마나	어떻게(대가지불)
이번 달 매출을	1월 1~31일까지	1억을	펌과 염색 고객 일일 10명이상 유치

우리는 어떤 일을 하면서 습관적으로 "다음 번에는 최선을 다하겠습니다"라고 한다. 사실 최선의 개념이 무엇인가? 소설가 조정래 씨는 "최선을 다했다는 말을 함부로 쓰지 마라. 최선이란 자신의 노력이 스스로 감동을 줄 수 있을 때 비로소 쓸 수 있는 말이다"라고 하였는데 참으로 시사하는 바가 큰 말이다.

경영을 하거나 장사를 하는 사람들은 반드시 모든 이야기를 수치화시키는 습관을 들여야 한다. 수치화되지 않은 표현들은 결과치가 나왔을 때도 두루뭉수리해진다. 그래서 게으른 사람들이나 대충 현재 상황을 벗어나려는 사람들이 '최선', '열심히', '있는 힘을 다하여'

이런 표현들을 즐겨 쓰는데, 이런 말들은 모두 쓰레기통에 버려야 한다. 경영을 잘하거나 성공을 원하는 사람이 가져야 할 개념은 '모든 표현을 수치화'시켜서 동기부여를 하는 것이다. 그럼 어떻게 숫자로 이야기할까?

경영은 숫자다. 목표를 공유하라

비교적 경영을 잘해서 매출이 큰 살롱에 가서 "이번 달 개인 매출 목표는 얼마인가요? 그리고 살롱 전체 매출에서 본인이 기여하는 정도가 몇 퍼센트인지 알고 있는지요?"라고 질문을 하면 여러 가지 형태의 대답이 나온다. 대개, 이번 달 개인 목표를 바로 대답하는 직원들은 드물고 잠시 머뭇거리다가 마지못해 대답하는 직원이 대다수다. 살롱 전체의 목표를 물어볼 경우는 더욱더 대답을 못한다. 이유는 뭘까? 답은 간단하다. 자신이 하는 일에 대해 수치화하는 습관이 안 되어 있거나 관리자나 경영자가 확실한 숫자 개념을 심어주지 않아서이다.

매출을 많이 올리는 살롱이나 적게 올리는 살롱이나 전 직원들에게 목표는 반드시 숫자로 이야기해 주어야 한다. 그래서 최소한 '열심히', '최선을 다해' 이런 표현들보다 "제가 이번 달에 매출이 천만 원인데 다음 달에는 천이백만 원으로 올리겠습니다"라고 한다면 이 살롱은 잘될 수밖에 없다. 경영자로서 한 달에 총 얼마 정도의 매출이 나와야 하고 이것을 달성하기 위해서 각자가 얼마나 기여해야 하는

가를 명확히 심어준다면, 개인적인 자부심은 물론 자신이 얼마나 노력해야 하는가를 스스로 깨닫게 되는 것이다.

각 직원에게 경쟁의식을 불러 일으키고자 이런 수치화를 도입하자는 것은 아니다. 직원 평가와 그 사람에 대한 논공행상도 마찬가지다. 단순히 근무 연수가 많다고 연공서열이 높아서 월급을 많이 받아가는 시대는 지났다. 일터에서 성공이라는 개념을 염두에 둔다면 무조건 개개인의 목표를 수치로 표현하는 것이 구체적이고 달성 가능성이 더 높다. 본인이 목표관리를 하지 않는다면 경영자나 리더들이 개별적으로 목표를 부여해주는 것이 필요하다. 목표치를 강요해서 경영자 마음대로 정하는 것은 절대 금물이다. 목표치가 크든 작든 반드시 담당자와 충분한 협의를 거쳐야 결과치에 대해 수긍을 하고 자신의 목표를 위해서 노력을 하기 때문이다. 결국, 목표에 대한 상호 공감대 형성은 경영자로서 잊어서는 안 되는 중요한 사항 중의 하나임을 명심하자.

'천만 원'을 월 목표로 정한 사람은 월별 관리를 어떻게 하는 것이 효율적인지 잘 설명해 주어야 한다. 주별, 일일 목표량이 어느 정도 되어야 하는지를 잘 나누어서 설명해주는 것도 중요하다. 매월 마지막 주가 시작될 무렵에는 당월 목표 대비 실적이 어느 정도에 도달했는지 개별적으로 통보해 주어야 하고, 실적 여부에 상관없이 격려를 해주는 것이 중요하다. 이는 남은 기간까지 목표를 달성할 방법을 스스로 연구하도록 기회를 준다는 의미도 있다. 목표 대비 실적이 저조하다면 온 친척들을 다 불러서라도 그 달의 목표를 맞추는 배짱이 있어야 성공이라는 단어에 가까이 갈 수 있다.

아래 도표는 목표관리를 위한 참고자료로 활용했으면 한다. 월간 및 주간 계획표를 만들었으면 달성 계획을 세우는 것도 목표관리에 좋은 방법이다.

월 목표관리 및 주간관리의 예

월 목표관리	달성 률	주간관리
1일~10일	50%	화요일
11일~20일	90%	수요일
21일~25일	100%	목요일
26일~말일	+α	금요일

목표달성이라는 것이 어느 정도 중요한가를 실감하기 위해서 때로는 과감한 용기도 필요하다. 만약, 살롱 원장이 직원들을 길거리로 내보내서 근무하는 살롱의 이름과 자신의 이름이 적힌 명찰을 달고 행인들에게 "안녕하세요? 저는 저기 저 헤어살롱에 근무하는 디자이너 ○○○입니다. 고객님, 제게 한 시간 정도의 여유를 주시면 고객님을 아름답게 스타일링 해드리겠습니다"라고 이야기해 보라고 하면 과연 직원들은 어떤 반응을 보일까? 대부분은 "에이 창피해요!"라는 반응이거나 "왜 그런 짓을 하느냐? 오는 손님만 받아도 되는데"라며 이런 과도한 지시를 비웃을지 모른다. 고객이 없거나 장사가 안될 때 이 정도는 당연히 해야 할 행동으로 여기는 사람이 있다면 그는 보다 성공하려는 의지가 강할 것이고, 자신의 목표

를 위해 책임있게 행동하려는 사람일 것이다. 살롱 밖으로 나가서 지나가는 사람들에게 호객하는 행위가 창피하기는커녕 오히려 자신의 일에 의욕적인 모습을 보여주는 효과가 있으므로 결국 고객을 더 많이 유치하게 될 것이다. 손님이 없다고 앉아서 휴대전화기로 게임이나 드라마를 보거나, 잡지를 보는 행위가 없는 손님을 갑자기 늘려줄 리 만무하지 않은가.

결론적으로, 함께 근무하는 직원에게는 반드시 자신의 월별 목표를 숫자 개념으로 명확하게 제시하고 여기에서 나오는 결과에 대해서 바르게 평가해 주는 것이 관리자나 경영주의 중요한 덕목이 되겠다. 직원들 역시 항상 자신의 목표를 숫자로 정하고 이의 달성을 위해 월별 및 주별로 관리하는 습관을 들이는 것을 잊어서는 안 된다.

하루하루 실적을 분석하라

매출 분석은 헤어살롱 경영에서 매우 중요한 의미를 차지한다. 우선 권장하는 경영자의 습관 중의 하나는, 하루 일과가 끝나면 오늘 매장을 찾은 고객의 수, 시술의 종류와 횟수 등을 파악하는 것이다. 요즈음은 대부분의 살롱에 컴퓨터 관리시스템이 있어서 고객이 어떤 시술을 했고, 금액을 얼마나 지불하였는지를 관리자가 입력하기만 하면 일별, 주별, 월별 통계가 자동으로 처리되어 보다 편리해졌다. 반대로 관리시스템이 없다면, 이유를 막론하고 우선 관리시스템을 구축하는 것이 우선이지만 사정이 여의치 않다면 최소한 수기로 매출 장부를 만드는 것이 중요하다. 하루하루의 결과를 분석하는 데 있어서 도표처럼 상세히 구분해 관리해야 한다. 이렇게 집계된 자료를 놓고 월말에 전 직원이 모여 공유하고 다음 달을 어떻게 꾸려나갈지 함께 토론한다면, 직원들도 매출 증가에 대해서 이해를 하고 자신들이 어떻게 움직여야 하는지를 알 수가 있다.

매출관리 주별 분석표

(단위 : 천원)

종류	1주	2주	3주	4주	총계
펌					
염색					
커트					
두피관리					
매장판매					
총계					

표에서 보는 것처럼, 만약 경영자가 "이번 달 우리 살롱의 매출을 집계하니 커트 손님이 너무 많고 상대적으로 두피관리가 적은데 커트 손님을 두피관리로 유도하는 좋은 아이디어가 없을까?" 하고 직원들에게 물어본다면 각자가 좋은 아이디어를 내놓을 수 있음은 물론, 살롱 매출에 본인의 아이디어가 반영된다는 점에서 성취욕도 높일 수 있는 방법이다.

매출 분석자료는 살롱이 위치하는 지역의 특성까지 잘 반영하고 있으므로 가능한 월별 1회 분석은 필수적으로 해야 하며, 반드시 자료의 결과를 전 직원과 공유한다는 생각을 가져야 한다. 절대 경영자 혼자서 결정하는 일이 없도록 주의해야 한다.

꿈과 목표를 구분하라

꿈에 대해서는 앞에서 언급한 목표를 '숫자'로 이야기하는 것과는 완전히 다른 이야기이다. 꿈이 미래의 내가 무엇인가를 이루겠다고 하는 장기적인 개념이라면 목표는 단기적이고 현실적인 개념이다.

홍대 앞에 '테펜'이라는 일본식 선술집이 있다. 이곳은 고객이 들어가면 모든 종업원이 동시에 "어서 오십시오"라고 큰소리로 인사를 한다. 직원 모두가 저녁부터 새벽까지 정신 없이 일하는데도 항상 밝고 긍정적인 느낌을 주는 이유가 무엇이었을까. 그들에게 꿈이 있기 때문이었다. 식당 내부 벽에는 여러 개의 카드들이 붙어 있는데 그 카드에는 직원들의 꿈이 담겨 있다. 일정 기간이 지나면 몇 호 점의

사장이 될 것이라는 희망, 언제 어디서 독립하겠다는 자신의 꿈 등을 자유롭게 적어둔 것이다. 실제 이것은 일본에 있는 본사에서 35세의 젊은 사장이 시작한 전통이지만 직원 모두에게 자신의 일에 몰두하고 꿈을 향해 나간다는 열정을 심어주기에 아주 좋은 방법이다.

   헤어살롱의 경우도 마찬가지다. 직원과의 의사소통도 잘되고 이들의 이직률도 줄일 수 있으려면 경영자는 이 살롱을 각자가 미래에 대한 꿈을 성취하는 공간으로 제공해야 한다. 직원들이 자신의 10년, 20년 후 모습을 그리게 하면 직원 스스로 열정적인 모습으로 변할 것이다. 이왕이면 살롱의 비전도 함께 곁들이자. "내가 앞으로 3년 내에 2호점을 가지려고 하는데 2호점의 점장은 ○○가 될 거야"하고 확언을 하거나, "내가 5년 후 최소 5개 점을 오픈하려고 계획하는데 여러분이 각각 그 매장의 주인공이 되었으면 좋겠어. 그래서 오늘부터 여러분들의 소망, 미래의 꿈을 적어서 이곳에 붙이자"라고 해보자. 자신의 꿈을 추상적인 것보다 구체적인 숫자를 넣어서 표현하도록 조언해 주고 매달 말일 직원 전체회의 때 개개인의 꿈을 서로 나누게 하면 개개인의 도전은 더욱더 가열차게 진행될 것이다.

   가끔 일상생활에 바쁘고 정신이 없을 때, 가만히 하던 일을 멈추고 미래 자신의 모습을 그려보는 시간을 가지는 것도 좋다. 아무 꿈도 없고, 관리자가 시키는 일만 하면 살롱 자체의 발전은 물론 개인적인 발전도 없다. 직원들에게 미래에 대한 꿈을 심어주는 일은 살롱 경영자로서 반드시 지켜야 할 중요한 덕목이다.

지금 당장은 위험한 일로 가득합니다.
이것은 언제나 좋은 징조입니다.
위험한 일을 들여다보면 다른 측면도 보이게 됩니다.
그러면 왠지 크게 성공할 수 있을 것 같습니다.

– 스티브 잡스

기술을 공유하라

내부 세미나를 개최하라
토론 기술을 길러라

한국에서는 중소기업 성장이 매우 어렵다고 한다. 대만의 경우는 A라는 중소기업에서 근무하던 기술자가 사정이 생겨서 그만두고 동종업계인 B라는 회사로 이직하여도 별 문제 삼지 않는다고 한다. 그런데 한국의 경우는 같은 직종으로 이직하는 것 자체를 원천 봉쇄한다. 이미 입사 때 사인한 고용계약서에는 퇴사 후 다른 회사에 기술 및 정보유출을 엄격하게 금지하는 내용이 포함되어 있으며, 심지어 퇴사 후 2년 동안은 동종업계에 갈 수 없는 것이 관례다. 같은 직종의 다른 회사와는 서로 경쟁자이기 때문에 그렇게 하는 것은 어느 정도 일리는 있지만, 반대로 관련 업종의 전문가를 고용하여 시간과 개발 속도를 당겨주는 좋은 기회를 놓쳐버리는 꼴이 된다. 사실 첨단 분야의 기술은 각 회사의 미래가 달린 중대한 사항이므로 다른 회사로의 유출은 치명적일 수 있다. 그런데 미용 분야로 돌아오면 이야기는 달라진다. 아주 특별한 기술이 유출되어 그 디자이너 아니면 할 수 없는 시술이 있을까? 개인마다 차이가 있을 뿐 자기만의 기술을 신비롭게 닦아서 만든 비기秘技는 거의 없는 것으로 안다. 다만, 한국산업인력공단이 미용인으로 최고 경지에 오른 장인에게 주는 미용 명장

이 있다. 미용 명장은 개인에게는 명예로운 것이지만 더 많은 사람에게 미용 기술을 전파하고 교육하라는 책임감도 뒤따르는 것이다.

기술을 공유하라는 뜻은 바로 이런 이유이다. 자신이 알고 있는 지식을 직원들에게 함께 알려주고 직장 내 모든 직원이 나름대로 기술 평준화가 된다면, 고객에게 동등한 기회를 제공해주어서 어떤 디자이너를 선택하여 시술하여도 만족을 줄 수 있는 바람직한 방법이라 하겠다. 기술 평준화에 따른 부수적인 효과로는 매출증대는 물론이고 직원 스스로 자기계발의 뿌듯함과 성취감을 느낄 수 있게 해준다. 그러면 기술을 어떻게 공유할 것인가?

내부 세미나를 개최하라

최근에 일부 대형살롱을 방문하여 인터뷰를 하니 하나같이 교육이 너무 많다고 하소연을 하였다. 이런 살롱은 지금 매우 행복한 고민을 하고 있는 것이다. 오픈한 지 몇 년이 지나도 손님 받기에 바빠서 직원교육은 꿈에도 생각 못한다는 안타까운 살롱도 부지기수다. 교육을 받는 것도 중요하지만, 내부적으로 기술을 공유하는 것은 더 중요하다. 아무리 어렵더라도 경영자나 관리자는 최소 한 달에 한 번이라도 반드시 내부 세미나를 열어 전체 직원을 모으는 자리를 만들어야 한다. 세미나라고 해서 너무 거창하게 생각할 것 없다. 직원들이 돌아가면서 날짜와 세미나 제목을 정해서 자신이 제일 잘하는 기술을 소개하고 함께 공유하는 것이다. 발표시간은 약 1시간 내외로 하고 가능한 제일 먼저 원장이 시범을 보이면 좋겠다. 편하고 자연스럽게 발표할 수 있도록 배려하고, 발표시간 동안에는 발표자의 실수나 질문사항이 있더라도 가능한 지적하지 말고 일단 끝까지 듣기를 권장한다. 그리고 발표가 끝나면 서로 의견을 나누는 시간을 약 30분 정도 가지면서 칭찬도 하고 지적도 하자. 참고로 주요 내부 세미나 제목(쉬운 예)을 열거해 봤다.

- 20~30대의 유행하는 컷
- 손상된 머리의 복구 방법
- 50대에게 맞는 펌(연령별 펌이나 염색 등)
- 계절별 유행 스타일

남들 앞에서 자신이 아는 내용을 설명해 보라고 하면 쉽게 또박또박 이야기할 수 있는 사람은 별로 없다. 늘 배우는 데 익숙하기 때문에 남들에게 강의하는 것은 너무도 어려운 분야이다. 자신이 알고 있는 지식을 남들에게 설명하기란 말하는 기술도 중요하지만, 알고 있는 내용도 완벽해질 때까지 몇 배 더 공부하고 정리를 해야 한다. 여러 사람 앞에 서서 말하는 것이 자연스러워지면 그만큼 공부도 되고 화술도 늘어, 궁극적으로 고객에 대한 자신감도 높아지기 마련이다.

한 달에 1회 정도 내부 세미나를 열어보면 도든 직원이 자신에게 주어진 발표자료에 대해서 공부하느라 정신이 없다. 다른 사람의 발표를 듣고 자신과 다른 점을 서로 토론하다보면 살롱 분위기도 늘 공부하고 연구하는 분위기로 변하기 마련이다. 몇몇 원장들은 살롱이 소규모라서 일하는 사람이 단둘인데 어떻게 하느냐고 묻는다. 사람 수에 상관없이 혼자서라도 거울을 보고 직접 강의를 해보자. 그러면 자신의 약점이 무엇이며 어떤 공부가 필요한 지 알 수 있다. 자기계발이나 살롱의 발전을 원한다면 한 달에 1회의 세미나는 반드시 필요하다. 전 직원들이 훈련을 통해 '전 직원의 강사화'가 이루어진다면 그 살롱의 발전은 눈부실 것이다. 자기계발 기회가 많은 직장에서 직원들의 이직이란 있을 수 없다.

토론 기술을 길러라

월 1회 내부 세미나 외에도 전 직원이 가벼운 주제를 놓고 하는 토론회를 제안한다. 한 달에 한 권씩 전 직원이 정해진 책을 읽고 느낀 바를 돌아가면서 발표하는 독서토론회도 좋고, 다함께 영화나 연극, 음악회 등을 보고 그 느낌을 나눈다든지, 살롱 매출을 올리기 위한 좋은 방안 등 특정 주제를 내세운 토론회도 좋겠다. 토론회를

　너무 거창하게 생각할 필요는 없다. 직원들간의 의사소통 과정의 한 방편인 동시에 서로를 좀더 많이 알게 되는 좋은 기회가 될 것이다.
　한 달에 한 번 기술 세미나도 있는데 토론회까지 겹쳐서, 그렇게 스트레스를 줄 필요가 있냐고 하는 이도 있겠지만, 토론회는 서로간의 인문학적 소양도 넓히고 남을 이해하고 배려하는 마음의 폭도 커지게 해, 살롱의 분위기를 확연히 다르게 바꿀 것이다.
　그럼 책의 선정이나 토론의 주제를 정하는 것은 누가 할 것인가? 원장이 일괄적으로 정하는 것보다는 직원 개개인이 읽은 책을 중심으로 각자 한 권씩 추천하거나 순번을 정해서 직원 모두가 돌아가면서 토론 주제를 정하는 방식으로 시작하면 된다. 예를 들어, 독서토론회를 진행한다면 책 선정 일자를 매월 마지막 주 월요일로 정하고 토론회도 매월 마지막 주 월요일로 잡아보자. 토론 시간은 1~2시간 범위 내에서 하고, 책을 선정한 사람이 주제 발표를 하면 각자가 책을 읽고 느낀 바를 자유롭게 이야기하는 분위기로 이끌어가야 한다. 하고 싶은 말을 충분히 할 수 있도록 시간과 자유를 주는 것도 필요하다. 처음에는 별다른 형식 없이 진행하더라도 여러 차례 진행을 하다보면 차츰 서로에게 필요한 것이 무엇인지를 알게 될 것이고, 이런 과정이 최소 3년 정도만 진행된다면, 엄청난 양의 지적 소양이 개개인에게 쌓일 것이다. 자신이 읽은 책 중에서 중요 부분을 메모해 두었다가 단골손님에게 문자메시지로 보내보자. 고객은 스마트한 소통에 감동할 것이다.

최근, 인문학적 소양을 키우자는 의견이 사회 각층에서 대두하는데, 이것이 단시일내 이루어지는 문제는 아니다. 풍부한 독서와 심도 있는 토론은 헤어를 다루는 미용인에게 또 하나의 중요한 양식이 되어줄 것이다. 상대방의 의견을 듣고 자신의 의견을 이야기하는 것은 고객과 대화를 할 때도 그대로 적용된다. 상대를 설득시키는 대화기술도 꾸준한 연습만이 그 바탕이 되어줄 것이고 나중에는 매장판매와도 자연스레 연결될 것이다.

성공은 자연연소의 결과가 아니다.
먼저 자기 자신에게 불을 지펴야 한다.

- 레기 리치

시스템이 움직이도록 하라

2~3명의 기술자에게 의존하지 마라
전략적인 공통 매뉴얼을 개발하라
체계화된 교육 프로그램을 만들어라

대형 호텔의 빈 객실을 청소하는 모습을 본 적이 있다면, 그것이 작업 매뉴얼에 대한 아주 쉬운 예시가 될 것이다. 객실이 100개가 넘는 대형 호텔이든 그보다 작은 소규모 모텔이든 청소하는 사람들은 나름의 작업 매뉴얼이 있다. 일단 청소해놓은 방을 보면 일정한 패턴으로 잘 정리가 되어 있는데, 이는 방을 청소하는 데 순서를 정해놓기 때문이다. 예를 들면, 화장실 청소를 할 때 휴지가 바르게 처음 사용하는 상태로 되어 있는지, 휴지통은 비워져 있는지, 변기와 세면대는 깨끗한지, 비누는 새 것이 놓여져 있는지, 샤워실에 기타 이물질은 없는지, 샤워장 유리는 깨끗한지 등 체크해야 할 일을 순번대로 열거하면 적어도 50여 가지 이상은 될 것으로 보인다. 실제, 특급 호텔에 머물면서 호기심 때문에 물어본 경험에 의하면 전체 청소 매뉴얼이 100가지에 이른다고 한다. 사실 그렇지 않겠는가? 아무리 숙련된 사람도 순서대로 한 가지씩 체크하지 않으면 반드시 한두 개는 놓치기 마련이고 그것을 단순한 청소 오류라고 치부할 수도 있겠지만 결국 그 호텔의 수준을 말해주는 평가 척도가 된다는 점에서 매우 중요한 사항이다. 행여 기존의 담당자가 이직하거나 휴가를 가서 객실 청소를 다른 사람이 한다면 어떻게 될까? 누가 청소를 하든 주어진 작업 매뉴얼에 따라 그대로 실행하면 전혀 문제가 없다. 바로 표준 작업 매뉴얼이 시스템으로 정리되어 있기 때문이다.

실제 시스템의 원리를 이해하는 데는 자전거 두 바퀴의 예가 최고다. 자전거가 움직이려면 두 바퀴가 서로 조화롭게 함께 움직여야 자

전거가 앞으로 나갈 수 있다. 어느 한 바퀴만 삐걱거려도 균형을 잡을 수가 없거니와 앞으로 갈 수가 없다. 같은 논리로 조직을 운영하는 데 있어서 어느 한 부분에 의존도가 너무 높으면 나중에 그 부분에 문제가 생길 때는 전체가 흔들릴 수가 있다.

헤어살롱 원장과 대화를 하다 보면, 공통적으로 언급되는 내용 중의 하나가 원장의 부재가 살롱 매출에 지대한 영향을 준다는 것과 그로 인해 살롱을 비울 수 없다는 것이다. 원장에 대한 의존도가 높다는 것은 그만큼 권한위임이 잘 되지 않는다는 뜻이고, 한두 명에 대한 의존도가 높아 살롱 규모를 키우기에 한계가 있다는 뜻이다. 공통 매뉴얼이 없어서 직원들마다 제각각 행동하는 것, 체계적인 교육이 없어서 늘 무언가 부족하다면, 이것은 모두 시스템의 부족이라고 단정짓고 싶다.

2~3명의 기술자에게 의존하지 마라

직장을 다니면서 가장 한심하다고 생각되는 직원은 본인이 없으면 이 회사가 망하거나 잘 돌아가지 않을 것이라고 생각하는 사람들이다. 현실은 그 사람들이 나가도 회사는 아무런 문제가 없다. 이유는 간단하다. 회사 전체의 운영은 시스템이 움직이는 것이지 개인 한두 사람에 의해 움직이지 않기 때문이다. 그래서 누군가 사표를 내고 나가도 회사는 전혀 운영 면에서 흔들리지 않아야 한다.

헤어살롱의 규모가 작은 경우 원장이 한 명의 디자이너에게 운영을 맡기는 일은 별로 없다고 한다. 나중에 믿었던 직원이 다른 곳으로 옮기거나 그 직원이 직접 헤어살롱을 개업하는 일이 자주 일어나기 때문이다. 그래서 불신도 많이 생기고 한 명에게 의지하는 것도 부담스럽기 때문에 원장 스스로 자리를 비우기가 쉽지 않다고 한다.

그러나 헤어 디자이너가 5명 이상 되고 비교적 규모가 큰 헤어살롱은 직원 운영 시스템을 잘 갖추어야 할 것이다. 어느 직장이나 일 잘하는 사람에게 좋은 대우나 특별한 혜택을 주는 것은 맞다. 그러나 절대로 정도가 지나쳐서는 안 된다. 규모가 작다 보니 일 잘하는 한두 명에게 의존도가 높아질 수밖에 없는 환경이더라도 경영자 입장에서는 일의 분배를 늘 고려해야 한다. 다음 두 가지 정도는 늘 염두에 두는 것이 좋겠다.

첫째, 들어오는 고객을 디자이너 수에 맞게 골고루 배분해 주는 것, 둘째, 살롱 전체 디자이너 기술이 평준화가 되도록 지속적인 내부 기술 세미나를 하는 것이다. 처음 들어오는 고객의 입장에서는 어떤 디자이너가 잘 하는지 모르니 경영자의 추천에 의존할 수밖에 없다. 이럴 때, 디자이너 순서를 정해서 신규 고객을 추천해 준다면, 모든 직원이 수긍할 것이다. 고객의 입장에서도 어떤 디자이너이든 실력의 차이가 없다고 판단할 정도로 모두 숙련되어 있다면 어느 누구에게 시술을 받아도 상관이 없다. 처음 방문한 고객에 대한 배분은 공평하게 하되, 나중에 재방문 시 기존 디자이너를 찾을지 새로운 디자이너를 찾을지 여부는 고객의 판단에 맡긴다.

경영자로서 특정인에게 일감을 몰아주거나 대부분의 권한을 위임하는 것은, 헤어살롱 같은 기술 서비스가 매출의 근본 수단이 되는 업종에서는 바람직하지 않은 방식이다. 개개인의 기술이 차이가 나지 않는데 굳이 특정인에게 일감을 몰아주어서 누군가를 총애한다면, 살롱 내부 소통은 더욱 힘들어질 것이고 나중에 그 친구가 그만

두게 된다면 그로 인한 손해는 경영자가 떠안아야 할 것이다.

    기술은 서로 공유해야 한다고 앞에서 언급하였지만 상호 평준화된 실력을 갖추도록 경영자는 부단히 노력해야 하고, 이런 경영자의 마인드가 직원들 하나하나에 스며든다면 그 헤어살롱은 행복한 일터가 될 것이다.

전략적인 공통 매뉴얼을 개발하라

    시스템의 기본은 공통 매뉴얼이다. 앞서 호텔을 예로 들었지만, 일정한 순서를 두고 정형화된 장소에서 차례대로 하는 것이 호텔 객실 청소 매뉴얼이라면 헤어살롱에서의 공통 매뉴얼은 많이 다를 것이다. 고객이 살롱에 들어오면서부터 시작하는 접객에서부터 시술 그리고 사후관리까지 모든 행동이 상황에 따라 바뀔 수가 있어서 매우 유동적이다. 그래서 정해진 틀에 무조건 맞춘다기보다는 큰 틀을 중심으로 공통 매뉴얼을 만들어 보자는 것이다.

    우선, 전략적인 공통 매뉴얼이 있어야 한다. 고객이 살롱에 들어서면 보통 1~2시간 정도의 시간이 주어진다. 그러면 어떤 전략으로 고객을 맞이할 것인가를 기본적인 공통 매뉴얼로 만들어야 한다. 도표에서 보는 것처럼 크게 세 부분, 시술 전, 중, 후로 나누고 전체 1~2시간 이내에 행해지는 여러 가지 내용이 있을 것이다.

고객과 시술 상담전략

시간구분	주요 상담 내용	비고
시술 전	날씨, 당일 뉴스거리 그객 기분에 관한 이야기 (고객과 첫 소통의 시간)	10분
시술 중	두피 상태, 펌, 염색 등 각종 기술 정보 전문 분야로 끌어당기기 (고객에게 전문가로서 조언)	40분
시술 후	매장판매 및 향후 서비스 정보 입수 (단골 고객 만들기)	10분

먼저, 시술 전, 고객이 살롱에 들어오면서 고객에게 행해져 할 매뉴얼이다. 최소 시술 전 10분 동안에는 고객과 첫 소통의 시간을 가진다. 이때 사용하는 전략에는 두 가지 정도 추천하고 싶다.

첫째, 플러스 원Plus One 작전이다. 고객이 살롱에 들어서면서부터 처음 던지는 대사가 만약 "엄청나게 춥네요"라면, 화제를 다른 주제로 넘기기보다 상대의 말을 이어서 "고객님, 이번 추위는 이번 주말까지 간다고 합니다. 오늘 입고 오신 옷이 너무 추워 보이시네요. 감기에 걸리시지 않도록 시술 후에 댁에 가셔서 두꺼운 외투로 바꾸어 입고 외출하시기 바랍니다"라고 하면 좋다. 고객이 "아이고, 왜 이리 더워!"라고 한다면 "고객님, 이번 더위는 3일 연속 30도가 넘는다고 하네요. 외출하실 때는 반드시 자외선 차단제를 바르세요. 피부 트러블이 생길 수도 있어요"라고 대화 주제를 같은 것으로 하되 이어서 플러스 개념으로 응답해 주는 센스가 필요하다.

둘째, 물건을 보고 감탄하지 말고 고객의 감각에 대해서 칭찬하는

일이다. 고객이 만약 좋은 핸드백을 들고 들어왔다면 "어머, 정말 가방이 멋지네요. 얼마 주고 사셨어요?"라고 말하기보다는, "고객님, 오늘 들고 오신 핸드백의 색깔이 입고 오신 옷하고 정말 잘 어울리네요. 색깔에 대한 감각이 대단하시네요"라고 하거나 "고객님, 오늘 하고 오신 목걸이가 상의하고 고객님 얼굴하고도 너무 잘 어울리시네요. 멋쟁이세요"라고 하면, 그 고객은 흐뭇해할 것이다. 이런 식의 대화가 시술 전에 행해지면 효과가 있다. 결국, 시술 전에는 당일 날씨나 고객의 기분에 따라 센스있게 대응을 해야 한다. 첫 대면에 서로 서먹서먹한 마음을 깨는 작업이 필요하고 반드시 10분 내에 이루어져야 한다.

다음은 시술 중에 행해질 전략을 짜는 것이다. 특히 이 부분에서는 전문적인 지식이 필요하고 본인이 전문가임을 드러내야 하는 부분이다. 두피나 모발에 대한 폭넓은 지식이 우선되어야 시술 후 매장판매와도 연결될 수 있다. 기본적으로 우리나라는 살롱에서 사용하는 제품을 판매하는 매장판매율이 매우 낮다. 시술을 통해서 이루어지는 매출에 치중하고 고객을 설득해서 제품을 판매하는 행위는 익숙하지 않거나 판매 기술이 떨어져 매장판매를 잘하지 못한다. 물건을 파는 행위가 어쩌면 전문가로서 천박한 행위라고 생각하는 이들도 있다. 찾아온 고객에게 원하는 시술을 해주고 두피나 모발 상태를 체크하여 올바른 처방을 해주어서 홈 관리가 된다면 금상첨화가 아닐까? 병원이나 약국에 갔을 때 의사나 약사가 처방전을 써주면 우리는 아무 이의 없이 그대로 따른다. 그런데 헤어살롱에서 두피나 모발 전문가로서 고객의 두피나 모발상태를 체크하여 올바른 처방을 했다면 무엇이 문제일까? 내가 전문가라면 어떠한 처방전을 써주어도 고객은 믿을 것이고 이를 따를 것이다. 문제는 고객의 눈으로 판단하기에 시술하고 있는 디자이너가 전문가로서의 자질을 갖추고 있느냐 없느냐가 중요하므로, 본인 스스로 전문가가 되기 위해 꾸준한 자기계발을 해야 할 것이다.

끝으로, 시술 후 관리전략 매뉴얼을 만들어야 한다. 우선 모든 고객의 사진을 촬영하여 작은 크기로 인쇄 후 개인 고객관리 장부나 노트에 붙여 둔다. 그래야 다음 예약 시에 지난 자료를 보고 디자이너로서 고객에게 맞는 스타일을 추천해 줄 수가 있다. 모름지기 고객이 원하는 한 가지 스타일보다 늘 색다른 아름다움을 제공할 수 있는 디자이너가 진정 전문가답다고 하겠다. 사진 촬영 외에도 고객의 휴대전화번호를 알아두고 주기적으로 모발 및 두피관리와 관련 있는 정보를 보내주거나 삶에 도움이 되는 좋은 정보를 보내주도록 한다. 특히, 시술 중에 언급한 고객의 개인적인 문제도 귀담아들었다가 개인관리 노트에 메모해둔 후, 다음에 고객이 왔을 때 그 화제를 꺼내면 고객의 마음에 더 좋은 인상을 각인시킬 수 있을 것이다.

살롱에서 매뉴얼을 생각할 때, 시술 매뉴얼이나 어떤 판에 박힌 인사를 다루는 매뉴얼은 지양했으면 한다. 너무 형식적인 인사 예절이나 모두가 같은 형태의 매뉴얼대로 행동한다면 매우 식상한 느낌이 들기 때문이다. 물론 대형 프랜차이즈점이거나 직영점이 많은 살롱의 경우는 어느 지점에 가든 그 살롱 고유의 공통 매뉴얼대로 운영되

어야 하는 것이 상식이겠지만, 그 외에도 좀더 살롱을 활성화시키고 매장판매에도 도움이 될 수 있는 전략을 짜는 것이 중요하겠다.

체계화된 교육 프로그램을 만들어라

최근 수많은 교육 업체들이 헤어살롱 교육에 진출하고 있다. 교육의 내용을 들여다보면 기술교육, 제품교육, 인성교육 및 경영교육에 이르기까지 많이 다양해졌다. 대형 프랜차이즈점이나 직영점을 많이 거느린 업체들은 주기적인 교육은 물론, 자체 교육 시스템을 확고하게 가지고 있어 매우 단계적이고 체계적이다. 반대로 중소규모 살롱의 경우는 상대적으로 열악한 교육 환경에 놓여 있다. 또 살롱 경영자의 마인드에 따라서 교육 수혜조건이 달라서, 교육에 관심 있는 원장들은 아주 적극적으로 직원교육을 독려하지만 오로지 살롱 매출에만 신경 쓰는 원장은 교육 자체에 무신경하고, 오히려 매출 저하의 요인이라고 착각한다.

한 국가의 대계가 교육에 달려 있듯이, 헤어살롱도 규모에 상관없이 체계적인 교육 프로그램은 반드시 필요하다. 자체 교육 시스템을 갖추지 못한 중소규모의 헤어살롱은 직원 상호간에 정규 교육 프로그램 일정을 만들어서, 타 교육기관이 개최하는 교육 프로그램에 적극 참석하도록 한다.

의무적으로 받아야 할 연간 교육이수 점수를 미리 정하고 반드시 이수하도록 한다면, 점차 직원들도 교육을 통한 자기계발에 노력할 것이고, 스스로 성장하고 있다는 생각에 자신감도 생길 것이다. 이는 살롱 내에 시너지 효과를 불러 일으켜 직원간의 화합은 물론 이직률도 자연스럽게 줄어들 것이라고 확언한다.

단계별 교육 프로그램은 기술 및 인성교육을 섞어서 실시하되, 기술교육은 최소 월 1회 정도는 기본으로 이루어져야 하며 경영 및 인성교육은 분기별 1회 정도로 정하는 것도 좋은 방법이다. 전문 교육 기관을 이용하여 살롱 전체 교육을 활성화시키는 방법도 좋고 굳이 비용을 아낀다면 살롱에 공급하는 제품업체의 교육 프로그램을 이용하는 것도 좋은 방법이다. 절대로 잊지 말아야 할 것은, 교육의 효과는 즉각적으로 나타나지 않지만 겨울산 눈 녹듯이 시나브로 드러난다는 것이다.

대형 직영살롱이나 프랜차이즈 업체의 경우, 처음 입사 후 스텝 생활을 거쳐 디자이너로 성장하기까지 대개 2~3년의 정규과정을 거쳐야 한다. 그러나 이런 과정도 특별하게 운영하는 업체만 체계적으로 하고 있고, 일부 업체는 적당한 시기에 일회적인 교육으로 끝내는 경우가 많다. 절대로 무시할 수 없는 것은 체계적인 것과 임시방편적으로 운영하는 것은 나중에 반드시 차이점이 드러나게 된다는 것이다. 살롱의 소속감이나 동료애를 불러 일으키는 방법으로도 가장 효과적인 것은 철저한 교육이다. 살롱의 대형화를 원하거나 혹은 많은 프랜차이즈점을 갖고 싶다면, 체계적인 교육 프로그램부터 구상하는 것이 경영자가 먼저 할 일이라고 생각한다.

새로운 발상에 놀라지 말라.
다수가 받아들이지 않는다고 해서
더 이상 진실이 아니지는 않다는 것을 잘 알지 않는가

- 스피노자

차별화하라

끊임없이 연구하고 남과 다른 길을 가라
스토리를 만들어라
잠재된 1%를 깨워라
퍼스트 펭귄이 되라
다양하고 독특한 메뉴를 개발하라

헤어살롱의 숫자는 매년 조금의 차이는 있지만 그 수가 줄어들지 않는다. 이는 업의 특성상 낮은 진입장벽, 즉 적은 자본금에 설립할 수 있고, 직장 정년과 상관없이 일할 수 있을 때까지 할 수 있다는 장점 때문이라고 앞에서 언급했다. 인기직종이라고 우후죽순격으로 하나 둘씩 생기기도 하지만 경쟁이 치열해 운영이 잘되지 않아 반대로 문을 닫는 매장도 많다. 상권이 같은 좁은 골목에서 여러 개의 매장이 동시에 존재하다 보니 정글의 생리처럼 약육강식 현상도 일어나 점점 심각해지고 있다. 그렇다면 이렇게 척박한 환경에서 살아남기 위한 전략은 무엇인가? 바로 차별화Differentiation이다. 남과 똑같이 해서는 살아남기 힘들다.

몇 달 전 어느 신문에서 본 설문조사 결과가 차별화의 명확한 이유를 말해준다. 서비스업의 경우 첫 방문을 하고 같은 곳을 두 번째 방문할 확률은 50%이고 세 번째 다시 방문할 확률은 10% 이하라고 한다. 그 이유는 첫째, 방문했던 곳을 다시 가야 할 특별한 이유가 없어서이고, 둘째는 다른 곳과 별 차이가 없어서라는 것이다. 해당 업체의 서비스, 분위기 그리고 기타 명확한 이유로 다시 찾아가지 않겠다는 사람은 5% 이하로 아주 적게 나왔다. 차별화된 전략이 없다는 것은 고객에게 아무런 감흥을 주지 못한다는 뜻이다. 즉 '남과 똑같이 해서는 남을 이길 수 없다'는 이야기와 다를 바 없다.

대부분의 사람들은 현재 하는 일이 남들과 똑같은 것이라는 사실을 잠시 망각한다. 길을 가다가 문득 이런 생각이 들 때가 있다. 남들이 저쪽으로 가고 있으니 무작정 따라가고 있는 것은 아닌가? 남들

차별화란 남과 다른 길을 가는 것이다.

이 가는 방향과 다른 나만의 새로운 길을 가는 방법은 없을까? 하고 말이다. 차별화는 어떻게 해야 하는 것일까. 나 자신의 차별화도 중요하지만 헤어살롱의 경영자로서 다른 살롱과의 차별화는 또 어떻게 해야 하는가?

끊임없이 연구하고 남과 다른 길을 가라

최근 일반 대중들에게 가장 회자되고 있는 단어를 선택하라면 '창조'일 것이다. 국가에서 적극적으로 부르짖고 있는 '창조경제'도 새로운 개념으로 도전하자는 것이고, 이제까지와는 다른 모습, 다른 각도, 즉 패러다임을 바꾸어 보자는 것이다.

기본적으로 창조의 개념은 인간의 영역이 아니라 신의 영역이라고

1896년 아테네 올림픽 육상 100m 결승전(토마스 버크, 왼쪽 두 번째 선수)

70-80cm 40-50cm
번치 스타트

50-80cm 30-40cm
미디엄 스타트

70-100cm 20-30cm
일롱게이티드 스타트

배영하는 모습

딕 포스베리의 높이뛰기

본다. '무'에서 '유'를 창조하기란 인간으로서는 불가능한 영역이며, 실제 우리가 알고 있는 '창조'라는 개념은 '새로운 발견'이라고 보는 것이 바람직하겠다.

러시아의 알트슐러 박사Genrich Altshuller가 1946년까지 등록된 20만 건 이상의 특허를 조사한 결과, 98%는 다른 분야에서 알려진 아이디어를 이용하였고 실제로 2%만이 새로운 발명이었다고 한다. 그의 이론에 의하면, 발명과 특허는 어떤 공통의 특징과 패턴이 있다. 그 동안 우리는 '발명'이란 것은 발명가의 재능이나 영감으로 이루어진다고 믿어 왔다. 따라서 발명은 소수의 사람에 의해서 이루어지는 느리고 지난한 과정으로 치부되었다. 하지만 우리는 또 한 분야에 최선을 다하다 보면 기존 방식의 문제를 발견하게 되고 무엇이 옳다는 것을 인식하게 도고, 결국 남들이 하지 않는 방법을 쉽게 발견할 수도 있음을 안다. 이것이 곧 '창조'이고, 창조는 그냥 우연히 얻어지는 경우보다 피나는 노력에 대한 대가로 생기는 경우가 더 많다는 것이다.

1896년 제1회 아테네 올림픽 육상 100m 달리기 결승선에서 토마스 버크Thomas Burke는 땅바닥에 머리를 숙이고 엉덩이만 치켜세운 채 출발 신호를 기다렸다. 다른 선수처럼 서 있는 듯한 엉거주춤한 자세와는 달리 그는 독특한 자세로 출발선에서 힘차게 박차고 나가 금메달을 땄다. 그가 처음 시도한 독특한 자세 '크라우칭 스타트Crouching Start (웅크린 채 출발함)'는 100년이 넘는 올림픽의 전통이 되었다.

1936년 베를린 올림픽 전까지 수영 100m 배영에서 마의 1분 벽을 깨는 선수는 단 한 명도 없었다. 그런데 17살의 아돌프 키에프라는 한 고등학교 학생이 '플립 턴Flip Turn'을 최초로 구사해서 58.5초로 금메달을 목에 걸었다. 모두가 손으로 벽을 짚은 뒤 턴을 할 때, 그는 턴 지점을 1m쯤 남겨놓고 몸을 뒤집어 발로 터치했다. 회전하는 시간도 줄어들고, 발로 콘크리트 벽을 힘껏 차버림으로써 그 반발력으로 속도를 높였다. 지금은 모두가 그의 방식을 따르고 있다.

'발상의 전환'이란 주제가 있을 때마다 단골 예로 꼽히는 인물이 있다. 미국 높이뛰기 선수인 딕 포스베리Dick Fosbury이다. 1968년 제19회 멕시코올림픽에서 그는 최초로 2m 장벽을 넘어 2.24m라는 경이적인 기록을 세웠다. 중요한 것은 기존의 다른 어떤 선수도 시도하지 않았던 자세를 구사했는데 모두가 달려가는 방향으로 가슴을 안으로 접거나 웅덩이를 건너뛰듯이 두 발을 교차하며 넘었지만, 포스베리는 직진하는 힘을 수직으로 앙양시키는 최고의 방법을 찾아냈고 등으로 바를 뛰어넘는 것이었다. 오늘날 모든 높이뛰기 동작의 표준 자세, 포스베리 플립Fosbury Flop을 그가 만들었다.

위의 예처럼 스포츠에서 발상의 전환은 갑자기 한 순간에 떠오른 영감이 아니라고 본다. 똑같은 방식으로 계속해서 하다가 어느 순간 다른 방법을 시도해 봄으로써 새로운 방법을 찾게 되고 또 연구해서 얻어지는 노력의 산물일 것이다. 말콤 글래드웰Malcolm Gladwell의 〈아웃라이어Outliers〉라는 책에서 언급한 것처럼 한 분야의 전문가가 되기 위해서는 최소한 1만 시간을 투자해야 어떤 결과가 나오지 않을까? 하루 3시간, 일주일에 20시간, 10년을 계속해서 하면 1만 시간, 이런 긴 시간 속에 우리는 숙달된 전문가가 되겠지만, 단순히 시간만 채운다고 모든 일이 이루어지는 것은 아니다. 꾸준히 어제와 다른 방법을 찾고 새로운 시도를 통해 남과 다른 전략을 구사해야 치열한 경쟁 속에서 승리할 수가 있다.

헤어살롱 경영에 관한 강의를 하면서 많은 디자이너나 살롱 경영자에게 "자신의 헤어살롱이 주변의 다른 살롱과 현격하게 다른 점 3가지를 말씀하실 수 있는 분이 있는지요?" 라고 물어보지만, 명확하게 3가지를 제대로 대답하는 사람을 아직 단 한 명도 찾지 못했다. 마지못해 대답하는 사람도 있었지만 같은 살롱 내 여러 직원과 함께 공유했거나 항상 마음에 지니고 있는 그런 특별한 차이점은 아니었다. 이는 "우리 살롱은 아무런 특징이 없어요"라고 하는 말과 같은 맥락이다. 모두 비슷한 실력을 가지고 비슷해 보이는 고객을 관리하는데 굳이 튀어야 할 필요가 있느냐 오히려 반문하는 사람도 있을지 모른다. 반대로, 방문하는 고객도 똑같은 생각을 할 것이다. 이 살롱이 다른 곳과 차이가 없는데 내가 굳이 왜 이 곳을 다시 와야 하는지.

헤어살롱의 차별화를 추구함에 있어서 그 요소들을 어렵게 찾을 필요가 없다. 앞에서 운동선수들의 예를 보면 모두 그들은 자신의 분야에서 열심히 하다가 색다른 방법을 찾았다. 한 가지 일을 오랫동안 하다 보면 개선해야 할 점들이 보인다. 이때, 판에 박힌 이야기를 피하라는 말을 먼저 하고 싶다. "우리 살롱의 특징은 ○○입니다"라고 자랑하면서 친절, 봉사, 감사, 사랑 뭐 이런 진부한 단어를 사용하지 않았으면 좋겠다. 실천했을 때 고객이 확실하게 느낄 수 있는 구체적인 무언가를 찾아야 한다. 그리고 모든 직원이 함께 그 차이점을 만들어 나가야 하고 찾아온 고객이 느낄 수 있는 것이면 된다. 최소 3가지 이상의 독특한 특징이 묻어나야 진정한 차별화를 이루었다고 할 수 있다.

스토리를 만들어라

누구나 살아가면서 자신만의 살아온 이야기가 있다. 많은 사람들이 자신이 살아온 삶의 이야기가 그저 그렇고 평범한 것이라고 간주하는 경향이 있다. 그런데 자세히 자신의 삶을 들여다보면 소설로 쓸 만큼 멋진 이야기들이 많이 있다. 다만, 우리가 그런 이야기에 살을 붙이고 생명을 불어넣는 작업을 할 줄 모를 뿐이다. 개개인의 스토리처럼 자신의 헤어살롱에 생명력 있는 스토리를 만들어 나가는 작업은 매우 중요하다. 이는 헤어살롱이 서비스 업종이고 고객이 많고 적음에 따라 수익의 차이를 가져와 비즈니스 존폐도 좌지우지하기 때문이다. 어떻게 고객의 마음을 사로잡아 성공하는 살롱을 만들 수 있을까? 이 질문에 대한 완벽한 정답은 아닐지 모르지만 '스토리를 만들라'고 권하고 싶다.

함평의 나비축제에 가본 적이 있는가? 원래 함평에는 내세울 만한 유명한 것이 없어서 함평군수가 많이 고민했다고 한다. 뛰어난 자연경관을 가진 것도 아니고 특별한 농수산물이 있어 그것을 자랑

함평나비축제 안내문(좌)와 나비의 문 즈나 광장 가운데 있는 나비캐릭터

할 수도 없어서 고민하던 차에 갑자기 졸다가 눈을 뜨니 나비 한 마리가 눈앞에서 날고 있어 '나비를 키워 나비축제를 만들자'라는 생각을 했다고 한다. 물론 이 이야기의 진실은 중요하지 않다. 함평 나비축제는 봄철에 열리는 행사로 이미 국가로부터 2010년 최우수 축제로 선발되었으며, 2013년 기준으로 벌써 15회째를 맞이하는 등 성공적인 함평의 축제로 거듭났다. 나비가 함평에만 있는 것은 아니다. 단지 함평은 나비를 가지고 재미있는 스토리를 만들었을 뿐이다.

우리나라에만 이런 사례가 있는 것은 아니다. 사과의 산지로 유명한 일본 아오모리 현에서는 1991년 태풍으로 사과가 익기도 전에 죄다 떨어졌다. 가을까지 붙어있는 사과는 10% 정도 밖에 되지 않았다. 결국 마을 이장이 망연자실한 동네 사람들을 모아 놓고 대책을 논의했는데, 어느 한 사람이 사과에 이야기를 붙여서 팔자고 제안하여 '합격사과'가 등장했다. 일본도 우리나라 못지않게 각종 시험에 시달리는 나라다. 수험생을 둔 부모에게 아주 매혹적인 사과를 제시한 것이

'합격'이라고 쓴 아오모리 사과

다. 사과를 팔면서 그 밑에는 아래와 같이 써 놓았다고 한다.

'초속 40m의 초초강력 태풍에도 떨어지지 않았던 바로 그 사과!
내 인생에 어떤 시련이 몰아친다 해도 나를 떨어지지 않게 해줄 합격사과'

태풍 이후 살아남아 있는 사과의 가격이 무지하게 올랐는데도 불구하고 그들은 10배나 더 높은 가격을 제시하여 대박을 터뜨렸다. '태풍에도 떨어지지 않았던 사과!'라는 단순한 사실에 의미 있는 스토리를 부여하여 '그깟 대학입학시험 따위에 떨어지랴?'라는 전략으로 사람들의 마음을 사로잡았다. 합격사과를 구입한 사람이 정말 합격했는지는 모르겠지만, 먹으면 꼭 합격할 것만 같은 스토리가 구매욕구를 불러 일으켰다. 함평의 나비축제와 아오모리 사과에 대한 이야기는 '있는 사실'을 분석한 후, 좀더 재미있게 그리고 '의미 있는 스토리'를 부여하여 생명력을 불어넣었다.

최근 수많은 광고가 각종 매스컴을 통해서 쏟아지는데 대부분의 광고 내용을 유심히 들여다보면 제품이나 회사의 이미지를 부각하기 위해 스토리에 집착하는 것을 알 수 있다. 사실 스토리가 없으면 제품의 생명력도 금방 떨어지고 기업 이미지도 드러나기 쉽지 않다.

　헤어살롱의 입장도 마찬가지이다. 다른 업체와의 차별화를 추구하되 나름대로 스토리를 만들어서 감동을 주고 좋은 인상을 심을 수 있는 전략이 필요하다. 단순히 실내장식을 바꾼다고 뭔가 달라지는 것은 아니지만 '친환경적', '갤러리처럼', '우아한 궁전처럼' 등 한 가지 주제를 넣고 스토리를 만들어보면, 하드웨어적인 방법으로도 충분히 스토리를 만들 수 있다. 아니면, 소프트웨어 쪽으로 전체 직원들과 협의하여 만들어 보는 것도 좋을 것이다. 자신의 살롱에 대한 스토리를 만들기 위해서는 어떤 내용이든, 어떤 방법이든 문제가 안 된다. 주변에 우리와 같은 입장에 있는 경쟁자를 이기기 위한 답은, 자신만의 특징을 찾아서 살리고 그것이 고객의 마음까지 스며들 수 있는 독특한 스토리에 집중하는 것, 그 스토리에 반응한 고객은 곧 우리 살롱의 단골이 될 것이다.

잠재된 1%를 깨워라

　최근 우리 사회는 각종 오디션 프로에 열광하고 있다. 공중파는 물론 일반 케이블 TV까지 노래, 연기, 춤 그리고 모델의 재능꾼을 뽑느라고 난리다. 사회가 경쟁심리를 부추기는 것이 너무 당연한 듯 되어버렸고, 그런 프로를 보고 있는 청소년들이 겉으로 보이는 화려한 면만 보고 행여 허황되지는 않을지 안타깝기 그지없다. 물론 부정적 시각으로만 보는 것은 아니다. 이런 프로를 통해서 자신이 가지고 있는 잠재력을 끌어내는 것은 더할 나위 없이 좋은 일이다. 수잔 보일Susan Boyle과 폴 포츠Paul Potts의 이야기는 평범한 한 인간이 자신의 숨어 있는 잠재력을 믿고 그것을 인정받게 되는 아름다운 모습을 보여주는 예이다. 춤이나 노래 등에 재능 있는 사람들을 발굴해내는 영국의 인기 오디션 프로그램인 '브리튼스 갓 탤런트Britain's Got Talent'에 수잔 보일Susan Boyle이라는 한 여인이 나왔다. 40대 중반의 나이와 촌스러운 그녀의 외모는 심사위원들은 물론 모든 관중의 웃음을 자아냈다. 그런데 그녀가 뮤지컬 '레미제라블'의 삽입곡 '나는 꿈을 꾸었네I dreamed a dream'를 열창하자 천상의 소리와 같은 아름다운 목소리에 심사위원들이나 관중이 깜짝 놀라서 입을 다물지 못했고, 노래가 끝났을 때에는 모두가 일어나 환호하며 기립박수를 보냈다. 이 모습을 담은 동영상이 유튜브YouTube를 타고 인터넷에 퍼지자 7천만 건 이상의 조회를 기록하며 폭발적인 인기를 끌었고, 그녀는 하루아침에 세계적인 스타가 되었다. 그러나 그렇게 되기 이전의 그녀의 삶은 평탄한 것이 아니었다. 수잔은 유년시절 학습장애와 못생긴 외모 때문에 동네 친구들과 학교에서 끊임없이 놀림을 당하며 성장을 했다. 수잔은 그런 괴로움을 견디기 위해 자신이 좋아하는 노래를 불렀는데, 오직 그녀의 어머니만이 자신의 딸을 향해 "너는 못생기고 볼품없는 아이가 아니라 아름다운 목소리를 가진 예쁜 내 딸이다"라고 끊임없이 칭찬을 해주었다고 한다. 그러나 자존감이 낮은 그녀는 그 말을 그대로 받아들이기에는 너무도 용기가 없었다. 그녀는 남자친구도 단 한 번 사귀어보지 못한 채 노모가 91세로 세상을 떠나던 45살 때까지 병든 노모를 보살폈다. 어머니가 생전에 딸에게 늘 노래 경연대회에 나가길 권하여 용기를 내어 무대에 선 것이 수잔의 인생을 바꾸어 놓았다. 그녀는 인터뷰를 통해 "어두운 시간을 보내오면서 우울증과 불안에 시달렸지만, 어머니의 격려와 칭찬 때문에 항상 그분의 자랑스러운 딸이 되고 싶었다"고 했다. 모든 사람이 부정적으로 보고 조롱의 대상으로 삼았던 딸이지만 어머니의 칭찬과 격려는 한 여인이 자신의 인생을 역전시킬 수 있는 용기를 주었고 바로 그녀에게 잠자고 있는 1%를 깨우게 한 것이다.

다음은 폴 포츠Paul Potts에 대한 이야기다. 이미 너무 많이 알려진 인물이라 다소 식상할 수 있지만, 그 역시 자신의 숨겨진 1%의 역량을 마음껏 뽐내었다. 영국의 변두리 지역에서 평범한 휴대전화기

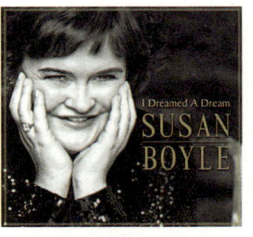

수잔 보일(Susan Boyle)의 데뷔앨범
[I Dreamed a Dream]

영국의 '브리튼스 갓 탤런트'에 나와 노래 부르는
폴 포츠(Paul Potts)

판매원에서 세계적인 오페라 가수가 된 그의 열정과 꿈에 대한 간절함은 평범을 넘어서는 위대한 것이었다. 2007년 영국의 한 TV에 출연하기까지 그는 남 앞에서 이야기하는 것조차 용기가 없고 부끄러워했다. 아무도 눈여겨 보지 않던 보잘것없는 외모와 수줍은 미소를 가졌지만, 그의 노래 실력만큼은 진흙 속에 감춰진 진주와 같았다.

인간의 뇌세포 개수는 약 140억 개가 넘는다고 한다. 살아가면서 인간은 이 많은 세포를 대개 30% 정도만 깨우고 나머지 70%는 사용하지 않거나 있는지도 모른체 죽는다고 한다. 조금은 과장된 표현 같지만, 태어나서 보통 사람으로 평범하게 살아가기를 원한다면 30%만 깨워서 만족하며 살면 되고, 스스로 삶을 바꾸고 싶고 그 의지가 있다면 아직 잠자고 있는 세포 1%만이라도 깨워서 활성화시켜야 할 것이다.

자신의 잠재능력을 깨우는 행위는 누구나 필요하다. 현재의 일상적인 나태에서 벗어나려는 피나는 노력만이 1%의 잠재력을 깨울 수 있다. 어떠한 것도 공짜로 얻어지는 것이 없음을 깨달아야 한다. 사과나무에 사과가 열려 있다면, 그 사과를 어떻게 내 손에 넣을 수 있을까? 바람이 불어서 우연히 떨어지기를 기다리던가, 만유인력으로 지구 중력에 의해 떨어질 때까지 기다리던가, 아니면 장대로 사과나무가지를 털던가, 그것도 아니면 나무에 올라가서 직접 따는 수밖에 없을 것이다. 어느 방법을 선택하든 내 손에 들어오면 다행인데 그렇지 못한 경우가 더 많다. 떨어지기를 기다리다 보면 어느 새 다른 사람이 따가지고 가거나 새들이 이미 물고 가버릴 수 있기 때문이다.

잠재된 나만의 1%를 위해서는 우선 고객의 마음을 읽어야 하고, 고객이 원하는 스타일로만 해줄 것이 아니라 고객의 스타일을 리드하고 새로운 감각에 눈뜨게 해주는 것이 필요하다. 이것이 차별화의 시작이다. 남과 다른 1%의 프리미엄 전략이 나머지 99%를 이길 수 있음을 명심하자. 남과 같이 해서는 절대로 남 이상 될 수 없다.

퍼스트 펭귄 First Penguin이 되라

집단생활을 하는 펭귄들은 먹잇감을 구하려고 바다에 뛰어들기 전에, 바닷속에 있는 물개나 바다표범과 같은 천적들이 두려워 다른 펭귄의 눈치를 보면서 머뭇거린다. 이때 용감한 펭귄 한 마리가 가장 먼저 과감하게 바다에 뛰어들면, 거기에 자극을 받아 다른 펭귄들도 그 뒤를 이어 잇달아 입수한다. 처음 바다에 뛰어든 펭귄을 '퍼스트 펭귄 First Penguin'이라 부른다. 영어권에서는 이 말이 불확실성을 감수하고 용감하게 도전하는 선구자를 일컫는 말로 쓰이는 관용어이다.

미용일을 하다 보면 조금씩 자기 일에 안주하게 되고 하던 일도 싫증이 날 때가 있다. 어떤 직업에서든 일어날 수 있는 일이지만 이럴 때 그대로 주저앉기보다는 새로운 돌파구를 찾으려는 노력이 필요하다. 일의 무력감은 대부분 변화를 추구하지 않기 때문에 생기

퍼스트 펭귄(First Penguin) 현상

는 병일 가능성이 많다. 남들이 하지 않는 새로운 일을 찾는 것이 바다에 뛰어들어가는 펭귄처럼 두렵기도 하지만 실패를 두려워 말고 무소의 뿔처럼 용감하게 나가는 정신이 필요하다. 모든 사람이 머뭇거릴 때 '미친 사람'소리를 들으며 바다로 풍덩 들어가는 '퍼스트 펭귄'의 정신력이 현재의 나태함, 무기력함을 극복하고 성공으로 가는 열쇠다.

　퍼스트 펭귄이 된다는 것이 무조건 남들이 하지 않는 것을 찾아내어 선구자처럼 가라는 뜻은 맞지만, 말처럼 그런 일을 발견하기란 쉽지가 않다. 이는 뭔가 색다른 일을 해야 한다는 강박관념이 오히려 새로운 생각을 방해하는 경우가 많다. 그래서 가장 좋은 방법이 일상에서 찾는 것이다. 앞에서도 언급하였지만, 한 곳에 집중하여 일하다가 우연히 새로운 것을 발견하는 방법은 자신만이 할 수 있다. 제일 먼저 해야 할 일은 현재의 업무를 분석하고 하나하나 쪼개어 봐야 한다. 아침에 일어나는 시간부터 출근하여 퇴근하는 시간까지 매일 반복되는 행동을 나열해 보고 이것을 하나씩 없애거나 다른 일로 대체시켜 보면 금방 새로운 길이 보이기 시작한다. 아주 간단한 예로 헤어살롱 내부 음악도 시간대를 정하여 오전 9~12시 클래식, 오후 12~15시 재즈, 15~18시 대중인기가요, 18~21시 팝송 순으로 틀어준다고 헤어살롱 입구에 붙여 놓으면 어떨까? 그러나 시간대별 음악을 결정하는 것은 반드시 그 시간대 손님의 성향이 어떤가를 보고 결정해야 한다. 아침 출근 시간대는 직장인은 거의 없고 주부들이 많으면 그들이 좋아하는 음악이 무엇인지 그들의 최근 취미생활이 무엇인지를 분석하고 그것에 맞는 요소를 찾아보면 아주 쉬워진다. 이처럼 아주 간단한 일부터 찾아보고 조금씩 바꾸어 나가면 어느 순간 나 자신이 그 분야에 퍼스트 펭귄이 되어 있을 것이다.

다양하고 독특한 메뉴를 개발하라

보통 음식점에는 그 집의 독특한 메뉴가 하나씩 있게 마련이다. 어떤 집은 음식점 간판 자체에 '○○○○ 전문점'이라고 밝힌 경우도 있지만, 대개는 들어가서 메뉴판을 보면 '특선 메뉴'가 있기 마련이다. 실제 그 메뉴를 시켜서 먹어보면, 맛도 있고 다른 집과 차별화되는 것을 확실히 느낀다.

음식점처럼 헤어살롱도 다양하고 많은 종류의 메뉴를 개발해야 한다. 헤어 디자이너라고 하면 그 자체가 스타일을 창조하는 사람들이다. 올해의 유행은 물론, 계절별 특징적인 스타일, 연령별 맞춤식 스타일은 기본적으로 준비해 두어야 좀더 프로페셔널하다. 우선 메뉴 분류는 큰 항목을 정하고 그 밑에 소분류로 나누듯이 남녀, 커트, 펌, 칼라, 두피 및 모발관리 그리고 기타 스페셜 등으로 나누고 세부항목에서는 살롱 고유의 시술로 잘 정리하면 깔끔한 메뉴가 될 것이다.

최근 화학시술(펌, 염색)에 대한 두피나 헤어의 손상도가 점점 늘어나고 있어 고객의 입장에서 여간 불안한 것이 아니다. 이럴 때 화학시술과 겸비해서 두피와 헤어의 손상도를 최소화시킬 수 있는 방법에 일반 메뉴를 접목시켜 살롱 특유의 메뉴명을 짓는 것이 좋다. 예를 들어, 두피케어와 커트를 접목시켜 '스캘프 커트Scalp Cut'이라고 부르는데 자신의 살롱에서는 '해피 커트Happy Cut'이라고 메뉴화하는 등의 방법이다.

다양한 메뉴를 가지고 있다고 고객이 늘어난다고는 할 수 없지만 중요한 것은 다른 헤어살롱과의 차별화를 두는 것이다. 같은 시술이라도 연구해서 보다 좋은 응용기법을 만들어내어 자신만의 특색 있는 시술을 한다면 고객은 그런 열정을 금방 알아차리고 반응을 해줄 것이다.

그리고 고객에게 시술 메뉴의 종류를 설명해주는 일과 어떤 스타일을 원하는지를 보여줄 때는 첨단의 기기를 사용하는 것이 좋다. 지금은 아마도 "나는 PC같은 것은 모른다"고 하는 경영자는 없는 줄 안다. 휴대폰의 기능이 늘어나고 메시지 전송이 일상생활이 되다 보니 대부분 휴대용 디스플레이 기기(예: 갤럭시 탭, 아이패드 등)를 사용하는 방법을 잘 알고 있다. 만약, 모른다면 무조건 당장 사서 배워야 한다. 고객에게 원하는 스타일을 권할 때는 반드시 시각적으로 모델 사진을 보여주는 것이 현명한 방법이다. 디스플레이 기기를 통한 시각적 효과는 나이와 상관없이 고객에게 중요한 소통 수단이 된다. 어떤 스타일로 꾸며준다고 말하는 것보다 그 스타일에 맞는 연예인의 머리나 혹은 일반 모델의 머리를 시각적으로 보여주고 시작하면 고객은 더 편할 것이다. 고객에게 다양한 헤어스타일을 제공하거나 그 살롱 특유의 멋진 시술메뉴 개발은 끊임없는 경영자의 열정이 따라주어야 얻어짐을 잊지말자.

인생에서 실패한 사람 중 많은 사람은
성공을 눈앞에 두고 모른 채 포기한 사람들이다.

- 에디슨

• 체험하라 •

단순화하고 전문화하라
세상에 공짜는 없으며 피드백하라
현장에서 전문가답게 제대로 처방하라

우리나라 헤어살롱 어디를 가든 살롱 진열장(판매대)에 여러 제품이 전시되어 있다. 많은 곳은 약 100여 가지 이상 진열된 살롱도 여러 군데 봤다. 처음 방문한 고객의 입장에서 단순하게 느껴지는 생각은 첫째, 저렇게 많은 제품을 전시해 놓았는데 디자이너들이 모두 사용해보고 권하는 것일까? 둘째는 진열된 제품의 특징을 잘 아는 것은 당연하고 그 제품의 성분 하나라도 외우는지, 셋째는 고객에게 집에서 잘 사용할 수 있도록 올바른 처방을 해주는 것인지 궁금하다.

대부분 헤어살롱은 시술이나 매장판매에 사용되는 제품의 경우 원장이나 살롱 최고 책임자의 결정에 의해 제품이 들어온다고 한다. 직원 전체의 의견수렴을 통해서 들어오는 것은 극히 드물고 윗선의 독단적인 선택으로 제품이 결정된다는 것이다. 더욱 심각한 것은 일단 구매된 제품을 직원들이 체험할 기회조차도 거의 없다는 것이다. 제품업체에서 해주는 교육 외에는 더 이상의 체험 기회가 없다는 것은 문제이다. 상식적으로 단 1~2회 교육으로 제품의 모든 것을 안다는 것은 신의 경지다. 제품을 잘 사용하기 위한 최상의 방법은 본인이 집에서 계속 사용해서 좋고 나쁨을 느껴야 하고 그 느낌을 고객들에게 전달해야 매장 판매도 잘 될 수 있는 것이다. 직원이 너무 많아 공짜로 모든 제품을 주기가 곤란하다면, 살롱에서 받는 구매단가로 직원들에게 사용을 권장해 보는 것이 경영자의 바른 방침이다. 남에게 판매를 할 때는 우선 자신의 사용 체험담을 이야기해주는 것이 가장 효과적이기 때문이다.

결국 고객관리를 잘한다는 것은 고객과의 신뢰를 형성하는 것이며, 이는 고객이 사용할 제품들에 대해 자신이 우선 체험하고 그 경험을 고객에게 나누고 권하는 것이다. 직원들의 충분한 체험이 곧 살롱 매출증가에 도움이 될 것이고 고객의 입장에서 최고의 처방전을 받을 것임을 확신한다.

단순화하고 전문화하라

헤어살롱을 전문화하고 싶으면 먼저 단순화하라고 권하고 싶다. 위에서 언급한 것처럼 각종 제품을 죄다 전시해 두고 고객의 다양한 욕구까지 만족시키려면 현실적으로 좋은 경영이 될 수가 없다. 첫째는 다양한 제품이 많다고 하는 자체가 그만큼 제품에 대한 전문적 지식이 떨어진다는 것과 같은 이야기며, 둘째는 많은 제품을 보유한 살롱은 각각의 제품에 대해 사용 체험이 부족하거나 전혀 없음을 반증해주기 때문이다.

미용업계에 오랫동안 근무한 사람들에게서 자주 듣는 이야기 중의 하나가 살롱 원장들이 '귀가 얇다'는 표현이다. 내용인즉슨 미용재료를 판매하는 영업사원들이 와서 신제품이 나왔다고 하면 금방 새 제품에 귀가 솔깃하여 산다는 것이다. 신제품일수록 제품 홍보 차원에서 판촉행사도 크고 덤으로 주는 것도 많으니 일단 받아놓고 본다는 것이다. 이러다 보니 물건 수가 한두 개씩 늘어나고 점점 재고의 수가 증가하게 된다. 1개를 팔기 위해서는 최소 3개를 갖다 놓고 3개를 팔기 위해서는 5개를 갖다 놓아야 한다. 장사가 좀 된다고 그 제품을 사놓았다가 언젠가 유행이 가고 팔리지 않으면 고스란히 재고로 남게 된다. 나중에 재고를 처리하려고 보면, 이미 남아 있는 제품들은 유통기한이 거의 넘어선 것들이라서 폐기해야 하는 쓰레기 더미가 되고 만다. 재고 부담을 줄이기 위해서 고객에게 강매가 될 가능성도 배제할 수 없는 것이다.

그래서, 전문화된 살롱을 갖고자 원하는 사람은 무조건 단순화하는 것이 우선이다. 여러 제품에 대해 사용한 경험을 통해 어느 한 제품이 뛰어나다고 생각되면, 반드시 그 제품만을 고집하고 전문성을 찾는 것이 고객에게도 도움을 주는 방법이다. 최근 몇몇 살롱들이 컨셉트 살롱을 추구하는 것도 이러한 의도에 맞춘 것이다. 컨셉트 살롱을 굳이 추구하지 않더라도 한 가지 제품에 몰두하고 모든 것을 단순화시키는 주된 이유는, 한 제품에 대해서 폭넓은 지식을 갖기 위함이다. 제품 수가 적어서 특징을 암기하기도 쉽고, 한 가지에 열중하다 보면 여러 가지 응용방법도 자연스럽게 깨닫게 되기 때문에 스스로 연구가가 되고 전문가가 된다. 홈케어의 경우에도 체험해야 할 제품 수가 적당해야 충분한 경험을 더 많이 할 수 있고, 고객에게도 상세하게 설명해 줄 수 있다. 본인이 경험해보지 않고 고객에게 제품을 권하는 행위는 결국 장사에 치우친 냄새를 풍기게 되고 그러한 의도가 오히려 고객에게 물품 강매로 오해받기 쉽고 불쾌감을 줄 수 있기 때문이다.

결국, 헤어살롱에서 매장판매를 늘리는 방법은 뜻밖에 단순하다. 첫째는 직원들 모두가 사용하고 있는 제품의 기능과 장점, 그리고 내용성분의 작용까지 충분히 익히게 한 후, 둘째는 직원들에게 무조건 제품을 나누어 주고 홈케어를 시키는 일이다. 그래서 제품을 단순화

하고 전문화하기를 주저하지 마라.

세상에 공짜는 없으며 피드백feedback 하라

"세상에 공짜는 없다"는 말은 수없이 들어왔다. 그렇지만 실제로 이런 것을 비즈니스 측면에서 제대로 활용하는 사람은 드물다. 지난 몇 년 동안 대형 할인점들이 공통으로 행사하는 것 중의 하나가 음식시식 코너이다. 음식이나 식품 판매장에서는 새로운 제품을 홍보하거나 판매촉진을 위해 음식시식 행사를 많이 한다. 미국의 월마트가 우리나라에서 성공하지 못한 이유도 이런 체험시스템에 발빠르게 대응하지 못했다는 지적도 있다고 한다. 일단, 실제 먹는 체험을 하게 되면 구매를 결정하기 쉽다는 뜻이다. 그래서 이제는 많은 사람이 시

식을 즐기는 습관적인 장보기가 되었다.

　얼마 전 대형 슈퍼마켓에 장을 보러 갔다가 새로 나온 치즈를 판촉하는 코너를 발견했다. 마침 입맛이 당겨 한 조각을 들고 먹었는데 갑자기 치즈 판매하는 아주머니가 "고객님, 참 잘 생기셨네요"라고 인사를 건넸다. 조금은 당황스럽기도 했지만, 치즈맛이 어떤가 테스트하고 있는 중에 갑자기 "잘 생겼다"는 칭찬을 들으니 치즈의 맛과 상관없이 반드시 사야만 하겠다는 마음이 생겨버린 것이다. 안 사면 미안하고 뭔가 죄지은 느낌이 들어서 한 개 살 것을 두 개 산 경험이 있었다. 좀 극단적인 예이긴 하지만, 그 아주머니의 칭찬은 진실 여부와 상관없이 마케팅의 훌륭한 방법을 수행한 것이 분명하다. 시식한 고객으로 하여금 꼼짝없이 물건을 사게 하였기 때문이다. 고객에게 뭔가를 공짜로 주면 고객은 괜히 신세를 진 것 같고 고마운 마음이 생기기 마련인데 거기서 끝내면 다른 사람과 차별화가 되지 않는다. 상대방에게 한 번 더 카운터 펀치를 날리는 기술이 필요한데, 이것이 서비스 마무리 피드백이다.

　헤어살롱에서 각종 화장품이나 샴푸제 샘플을 무상으로 고객에게 나눠 줄 때가 있다. 단순히 홍보와 판촉 차원에서 나누어 주는 것으로 끝내지 말고 다음번에 고객이 올 때 반드시 피드백해보아야 한다. "고객님, 한 달 전에 드린 샴푸를 사용해 보시니 마음에 드셨나요?"라고 하면, 고객은 "아 그거요? 좋았어요"라고 대답할 확률이 굉장히 높다. 우선 고객의 입장에서는 지난번 공짜로 받은 제품을 사용해 보지 않았더라도 미안한 마음에 거짓말부터 할 가능성이 많다. 사용했더라도 느낀 소감을 대답하는 데는 주저함이 없이 "괜찮았어요"라고 대답할 수도 있다. 상대의 미안한 심리를 이용한 피드백은 매장판매에 좋은 마케팅 포인트로 작용한다. "사실, 지난번 드린 샘플은 고객님의 사용 후 느낌을 알아보기 위한 것이었고요, 마음에 드셨다니 홈케어로 두고 사용하셔도 좋은 이 제품을 권해 드립니다. 샘플을 통해 경험하셨겠지만, 틀림없이 고객님께서 만족하실 것입니다"

옛 속담에 '구슬이 서 말이라도 꿰어야 보배다'라는 말이 있다. 아무리 훌륭하고 좋은 것이라도 다듬고 정리하여 쓸모 있게 만들어 놓아야 값어치가 있음을 비유적으로 이르는 말이다. 판촉용 샘플을 나눠주거나 시식하는 코너에서 음식 서비스로 끝낼 것이 아니라, 꼼꼼히 반응을 물어보거나 고객에게 더욱더 미안한 감정을 불러 일으키는 포인트 멘트를 찾는 것도 중요할 것이다. 왜냐하면, 세상에 공짜는 없는 것이니까.

현장에서 전문가답게 제대로 처방하라

현재 우리나라 헤어살롱의 매장판매 추세를 보면 아직도 초보자 수준이다. 전체 월 매출의 10%도 안되는 살롱이 80% 이상이라고 하니, 살롱에서 매장판매가 얼마나 등한시되고 있는지 알 수 있다. 다른 선진국인 독일에서는 헤어살롱 매출의 30% 정도가 매장판매로 이루어지고 있다고 한다. 이들은 매장에서 시술한 비용은 물론, 현장에서 판매하는 것도 매우 큰 비중을 두고 있으며 이것이 당연하다고 생각한다. 그러나 아직도 우리나라는 기술이 최고라고 생각하고 기술

로 승부를 걸어 돈을 벌어야 한다고 생각하는 것 같다. 하지만 같은 시간에 고객이 만족할만한 시술을 해주고 몇 마디 전문적인 조언으로 매장판매까지 일어난다면, 한마디로 금상첨화가 아닌가. 속담에서 '말 한마디로 천 냥 빚을 갚는다'라고 하듯이 말 한마디로 매출증가에 기여할 수 있다면 얼마나 좋은 일인가. 물론, 단 한마디로 바로 판매로 연결될 수는 없겠지만 체험을 통한 전문지식과 노하우가 바탕이 된 진심어린 제안이 고객의 마음을 움직일 수 있고, 그것이 매장판매에 기여할 수 있는데, 그런 기회마저 놓친다는 것은 바람직하지 않다는 뜻이다.

  거듭 강조하는 이야기지만, 사용 경험에 충실한 결과야말로 진정 매장판매의 최고 기술이다. 경험하지 않고 하는 말은 공허한 이야기로 들린다. 그래서 살롱 판매매출을 상승시키기 위해서는 일단 고객에 판매할 제품에 대해서 전 직원이 집에서 홈케어를 해보도록 권장한다. 원장이나 경영자가 신제품을 구매하면 우선 전 직원들이 모두 사용하도록 함을 잊지 말아야 한다. 그리고 일정 기간을 두고 개별적인 사용후기를 적어 내도록 한다. 이것은 매장판매 기초단계로써 자연스럽게 다음과 같은 이야기를 고객에게 할 수 있다. "고객님, 제가 이 샴푸를 집에서 오랫동안 사용하였는데 두피에 정말 좋더군요. 일단 피지가 깨끗하게 제거되고 탈모가 현저히 줄어드는 것을 느꼈습니다"라고 이야기하는 동시에 본인이 지금까지 시술했던 사진, Before와 After를 보여 준다면 고객은 전문가의 처방이라고 느낄 것이다. 만약, 고객이 다른 제품을 사용하고 있다고 하면 "고객님이 사용하고 계신 샴푸도 좋은데요, 제가 이 제품을 사용해 보니 이런저런 차이점이 있어서 참 좋았습니다"라고 언급한다면, 고객은 확실한 믿음을

가지고 판단할 수 있을 것이다. 고객이 기존에 사용하는 제품에 대해서는 절대로 나쁜 평가를 하지 말고 간단하게 "사용하고 계신 샴푸도 좋은데요, 제가 권해드리는 ~"과 같은 완곡어법을 사용해야 한다.

의사가 환자에게 처방하는 것을 어느 누구도 거부하지 않는다. 왜냐하면 자신의 병에 대해서 제대로 알고 있는 사람은 의사이고 그래서 전문가의 처방전을 믿고 따른다면 병이 나을 것이라 확신하기 때문이다. 헤어살롱의 매장판매도 전문가로서 고객에게 가정에서 두피나 헤어에 도움이 되는 제품을 사용하도록 바른 처방전을 주는 것이다. 만약 처방전을 주는 전문가가 제품에 대해서 아는 지식이 부족하고 사용 경험이 없다면 자격이 없는 의사가 환자를 돌보는 것과 무슨 차이가 있겠는가.

헤어살롱에서 매장판매율의 증가는 꾸준하게 성장할 것으로 추정한다. 이유는 헤어살롱의 특성상 고객과의 접점이 현장에서 바로 일어나는 동시에 꽤 긴 시간 동안 고객과 함께 있기 때문에, 제대로 된 판매전략을 세워 계획하여 실행할 수 있기 때문이다. 한 시간 이상 고객과 데이트할 수 있는 시간에 아무런 전략도 없이 그대로 고객을 보냈다면, 과하게 말하면 직무유기요 기회상실인 것이다.

당신이 할 수 있거나 할 수 있다고 꿈꾸는 그 모든 일을 시작하라.
새로운 일을 시작하는 용기 속에 당신의 천재성과 능력,
그리고 기적이 모두 숨어 있다.

– 요한 볼프강 폰 괴테

협업하고 융합하라

이종간 융합하라
틈새시장을 노려라
전문 경영인을 두자

휴대폰이 처음 나왔을 때를 생각해 보자. 단순한 통화 기능만 하는 하드웨어적인 역할에 충실했지만, 이것만으로도 우리는 행복했다. 걸어 다니거나 여행 중 어디를 가서도 통화를 할 수 있다는 것이 참 좋았다. 그렇다면, 지금은 어떤가? 단순한 통화뿐만 아니라 일상생활의 모든 것을 해결해 준다. 통화기능 외에 영화 및 음악 감상, 은행 역할, 각종 정보제공 등등 작은 기기器機안에 일상생활의 모든 것을 옮겨 놓았다. 한마디로 토탈 솔루션 Total Solution, 일체형 All-in-one 기능이다.

최근에 세계적으로 잘나가는 하드웨어 업체들이 유능한 소프트웨어 업체들을 인수하려고 난리들이다. 미래의 싸움은 하드웨어 하나로만 치열한 경쟁에서 이길 수 없고 누가 얼마나 많은 컨텐츠를 가지고 있느냐에 따라 시장의 패권을 차지할 수 있기 때문이다. 그래서 이제는 하드웨어와 소프트웨어의 융합 Convergence 시대이다.

헤어살롱들도 점점 대형화되면서 업종 상호간의 협업collaboration이 많이 일어난다. 협업이란, 일의 내용이 같거나 다르지만 연관이 있는 일끼리 계획적으로 서로 협력하여 함께 공동이익을 추구하는 노동형태를 말한다. 살롱 내 숍인숍Shop-in-Shop의 개념으로 네일아트, 피부미용, 두피관리, 메이크업 등등 많은 유사업종이 함께 들어가 있다. 흔히 헤어살롱 내부에 네일아트나 두피관리는 자주 보는 협업형태이고 심지어 어떤 헤어살롱은 전문 피쿠과도 함께 갖추고 있는 등 의료 분야와도 연관을 이룬 곳도 있다. 최근 더욱 협업형태가 확대되어 외국인 의료 관광과 뷰티 관광을 접목시켜 한국 방문을 통해 한 번에 모든 것을 해결할 수 있는 토탈 솔루션Total Solution을 제공하여 고객의 편의는 물론 이익창출을 위한 최대의 시너지 효과를 노리기도 한다.

그런데 상호 유사성이 있는 업종끼리는 쉽게 협업을 통한 융합이 가능하다고 생각할 수 있는데 미용과 전혀 다른 업종 간의 융합은 어떨까?

이종異種간 융합하라

독일의 유명한 대형 유통업체 중의 하나인 '치보Tchibo'라는 회사는 1949년 독일 함부르크Hamburg에서 커피 판매를 시작으로 2012년 종업원 12,300명, 8,400개의 체인점을 보유한 독일 최고의 유통업체로 성장했다. 독일에서 경험한 가장 큰 놀라움 중의 하나는 커피숍에 온

갖 종류의 액세서리를 판매하고 있다는 것이다. 일반적인 커피숍은 아이스크림이나 빵 종류를 함께 판매하는 것이 보통인데 치보는 달랐다. 간단한 속옷, 주방용품, 간단한 전기 및 전자제품들이 모두 진열대에 매달려 있다. 모든 제품의 가격도 그다지 비싸지 않고 간단하게 휴대할 수 있도록 전부 비닐팩에 담겨 있다. 출근길에 커피 한 잔 마시면서 아침에 급히 나와 챙기지 못한 스타킹, 칫솔에서부터 회사에서 사용할 수 있는 컵, 주방용 칼, 각종 소품을 이 커피숍에서 판매하는 것이다. 치보의 기발한 발상이 소비자의 마음을 정확히 꿰뚫었다. 커피숍에서 스타킹이나 속옷, 전자제품을 판매할 생각을 했다는 것이 정말 기발하지 않는가. 치보의 생각을 그대로 헤어살롱에 옮기면 어떨까?

헤어살롱의 큰 장점은 나이와 직업에 상관없이 모든 고객이 방문한다는 것이다. 그곳에서 고객은 최소한 1시간 이상을 헤어 스타일을 바꾸기 위해 머문다. 심지어 펌을 할 경우 2~3시간의 소요는 기본이다. 지금까지 모든 고객은 이 긴 시간 동안 졸거나 신문이나 잡지를 읽는 것이 일상적인 헤어살롱 풍경이었다. 그렇다면 이 시간에 고객의 흥미를 끌만한 요소가 무엇인가를 연구해 보자. 장소를 옮기지 않는 상태에서 고객에게 간단한 쇼핑의 기회를 준다면 어떨까? 굳이 미용과 유사한 업종인 네일아트나 피부관리보다는 책, 양말, 스타킹 혹은 각종 일상생활에 필요한 액세서리를 갖추고 있다면, 고객은 한 곳에서 헤어 스타일도 바꾸고 간단한 쇼핑도 할 수 있어 금상첨화일 것이다. 물론, 치보처럼 다양하게 많은 제품을 갖춰두란 이야기는 아

독일 치보(Tchibio)의 모습

니다. 팔리지 않으면 재고의 문제가 더 심각할 수 있기 때문이고 이미지상 너무 너저분하게 널려있는 것보다 한두 개 아이템을 잘 선정해서 진열하는 것이 좋은 방법이다. 또한, 치보처럼 모든 제품을 일괄적으로 비닐팩으로 포장하여 깔끔한 인상을 주는 것도 판매에 도움이 된다. 절대로 잊어버리지 말아야 할 중요 고려사항은 재고 소진 문제가 우려되므로 유통기한이 있는 것은 피해야 한다는 것이다. 가능하다면 업체와 재고 반품에도 자유로운 아이템을 전시하는 것이 좋겠다.

어떤 아이템을 선정할 것인지는 모두 헤어살롱의 몫이다. 아이템 선정 시 고객이 왔을 때 무엇이 있으면 제일 좋아할까부터 고민하고,

가능하다면 일정 기간을 두고 방문 고객들에게 설문조사를 해서 헤어살롱에 왔을 때 구입할 수 있다면 어떤 물품이 좋은지 파악하는 일이 제일 중요하다. 본인 경험이나 실제 고객들을 통한 직접적인 설문조사만큼 확실한 방법은 없다. 조사를 하다보면 새로운 아이디어도 나오기 마련이다. 아이디어를 얻었으면 바로 실천에 옮겨야 한다. 남들보다 늦게 출발하면 그만큼 아이디어에 대한 가치도 떨어지게 마련이다. 다른 업종간의 융합은 미용업계의 포화 시장에 놓칠 수 없는 선택사항이다.

틈새시장을 노려라

새로운 시각에서의 업종간의 융합은 다양한 시너지 효과를 가져올 것이다. 같은 분야에서 차별화를 추구하는 것은 당연하지만, 업종이 가지고 있는 기본틀을 깨는 것도 일종의 틈새시장 Niche Market 이다. 남들이 하지 않는 것을 먼저 할 필요가 있다고 앞에서 언급하였다.

빌드 어 베어 Build-A-Bear 라는 미국에서 떠오르고 있는 완구업체가 있다. 예전에는 완구점이나 인형점에 가서 그냥 진열된 곰 인형을 사는 것이 전부였다. 하지만 이 곳에서는 누구든지 직접 나만의 인형에 들어갈 항목들을 세부적으로 고를 수 있다. 곰 인형의 털도 고르고 그 안에 솜도 집어넣고 옷도 입히고 나중에는 목욕도 시킬 수 있다. 곰 인형이 완성되면 출생신고서를 주는데 자신이 만든 곰이 언제 태어났다고 쓰여 있다. 이곳에서 어린이들은 곰을 사는 것일까 아니면 곰을 만드는 과정을 사는 것일까? 정확한 답은 곰을 만드는 경험을 사는 것이다.

이외에도 중국의 상하이에 있는 디즈니스쿨을 가 보면, 디즈니 캐릭터 옷을 입은 선생님이 영어를 가르치는데, 에듀테인먼트Edutainment= Education+Entertainment라고 아이들 교육과 놀이가 함께 복합되어 가치의 변화를 가져 왔다.

최근 가장 활발하게 붐이 일어나고 있는 것이 애완동물 전문점Pet Shop인데, 펫 카페나 동물병원에서 많이 해주는 일이 애완동물(주로 개나 고양이)에 대한 미용이다. 그렇다면 헤어살롱도 애완동물과 함께 갈 수 있는 곳이 되면 어떨까? 주인도 헤어스타일을 바꾸고 애완견도 함께 미용을 하거나 스타일을 바꿀 수 있다면, 애견인들에 큰 호

빌드 어 베어(Build-A-Bear)에서 자신의 곰 인형을 들고 행복해하는 아이들

황을 누리게 될 것이고 입소문도 빠르게 나지 않겠는가. 물론 애완동물 미용은 별도의 자격증이 있어야 한다. 따라서 헤어살롱 내에 동물과 사람의 공간을 구분해 두고 각자의 전문가들이 각자의 영역에서 실력을 발휘하면 되는 것이다.

이렇듯 헤어살롱도 다양한 가치의 변화를 추구하는 것이 필요하다. 7080세대를 풍미하는 클래식 엘피LP판을 실내 내부 장식으로 가득 채워서 분위기를 복고풍으로 이끌면서 오래된 팝을 틀어주는 헤어살롱도 있을 것이고, 교복을 입고 다니던 시절의 추억을 위해 전체 디자이너가 교복을 입고 시술하는 곳도 만들 수 있다. 특정 분위기를 연출하기도 하고 내부 장식을 바꾸는 등의 시각적 효과나 인간의 감성을 이용한 다양한 방법을 연구하고 활용해 그 틈새시장을 공략하자. 싫증나지 않도록 일정 기간을 두고 행사를 벌이되 반드시 전 직원이 함께 공감하는 일이 되어야 함을 잊지 말아야 한다. 틈새시장 공략은 어렵지 않다. 일상적으로 하던 일을 좀더 비틀어 다르게 생각해보면 남들이 하지 않는 부분을 찾을 수 있고, 그 아이디어를 실천하는 것에 승부를 걸면 되는 것이다.

전문 경영인을 두자

야구에는 '대타Pinch Hitter'라는 제도가 있다. 점수를 내야 할 아주 중요한 순간에 기존의 지정된 선수 대신 찬스를 잘 살려줄 수 있는 선수를 기용하는 것이다. 물론 이 경우 성공의 여부는 아무도 장담 못한다. 운좋게 대타로 기용된 선수가 나와서 안타를 치거나 감독이 원하는 플레이를 해주었을 경우 제 몫을 다했다고 하지만, 그렇지 못하면 실패한다. 하지만 이런 실패도 아예 하지 않는 것보다는 실행을 하고 다음에는 다른 방법을 찾을 수 있는 경험을 살린다는 점에서 효과가 있는 제도다.

전문 경영인을 이야기하기 위해 야구의 대타 개념을 언급해보았다. 헤어살롱을 운영하다가 규모가 커지거나 회사를 획기적으로 바꿀 의도가 있다면, 경영 부문에 전문가를 채용하라고 권하고 싶다. 전문적인 일은 전문가가 해야 할 것이다. 매년 연말연시가 되면 여러 헤어살롱에 송년회나 신년회 모임에 초대를 받게 되는데, 그 회사의 독특한 문화는 물론 최고 경영자의 기업 이념이나 회사를 이끌어가는 전략을 개략적으로 알 수 있다. 대형 헤어살롱답게 전문적으로 잘 운영하는 곳도 있지만, 안타깝게도 일부 헤어살롱은 미용이라는 그 틀에서 벗어나지 못한다. 우물 안의 개구리가 자기가 보는 우물 입구 크기만을 세상이라고 착각하듯이 말이다. 자신이 잘 모르면 전문가에게 맡겨야 한다. 특히 규모나 매출이 늘어나는 살롱의 경우 좀더 전문적으로 운영하고 싶다면 전문 경영인을 찾아야 한다. 물론 같은 분야에 있는 사람을 채용하는 것은 아주 악수惡手를 두는 것일 수 있다. 쉽게 그 틀을 벗어나기가 어렵기 때문이다. 한 마디로 대타에 실패하는 경우가 생긴다. 이왕이면 폭넓은 시야를 갖춘 다른 업종의 전문인을 찾는 것이 효과적일 것이다.

앞에서 이종끼리 융합하는 문제를 언급했다. 이것이 비단 업종간의 융합만 이야기하는 것이 아니다. 인재도 같은 업종보다 전혀 다른 분야에서 찾으면 뜻밖에 성공하는 경우가 더 많다. 현재 우리나라뿐만 아니라 세계 각국의 뛰어난 회사들도 전문가를 여러 분야에서 데리고 온다. 야구의 대타처럼 전문가를 둔다고 모두 다 성공적이라고는 볼 수 없지만, 다른 시각과 경험이 가져다 주는 시너지 효과는 확실히 크다고 생각한다. 일부 대형 헤어살롱에서는 이미 경영 전문가들이 활동하고 있고 실제 성공적인 사례들도 많다.

우리가 가진 능력보다 진정한 우리를 훨씬 잘 보여주는 것은,
우리의 결정과 선택이다.

— 조앤 K. 롤링

· 실천하라 ·

습관의 고리를 끊고 변화하라
알면서도 실천하지 않는 것들
안주하지 말고 질주하자

독일의 한 심리학자의 연구 결과에 "배운 것을 실행에 옮기지 않는 사람은 무려 95%나 되며, 그 때문에 성공할 확률이 5%밖에 되지 않는다. 배운 후에 그대로 내버려두면 기억은 1시간 만에 56%, 하루가 지나면 74%를 망각한다. 그 방지책은 끊임없는 반복과 꾸준한 실천뿐이다"라는 내용이 있다.

지금까지 헤어살롱을 잘 경영하기 위한 여러 가지 방법을 찾아 보았는데, 이 책을 쓰면서 어떤 사람이 이 책을 읽으면 도움이 될까 하고 직접 자문해보았다. 현재 운영하고 있는 매장의 매출이 오르지 않거나, 경영을 잘하여 좀더 큰 매장을 갖고 싶거나, 매장 수를 늘려서 사업을 확대하기를 원하거나, 특정 브랜드를 이용하여 많은 체인점을 운영하기를 원하는 미용인이라면 단언컨대, 이 책이 도움이 되리라고 확신한다. 물론 미래에 멋진 헤어살롱 경영을 원하는 디자이너도 읽어두면 좋은 보약이 되리라 생각한다. 다만, 보약도 먹지 않으면 소용이 없듯이 해당 업무에 전문가가 되기 위해서는 본론에서 제시하는 사항을 꼼꼼히 체크하고 실천하기를 권장한다. 새로운 변화를 원한다면, 아니 헤어살롱이 성공으로 가는 길을 택하고 싶다면, 열정을 가지고 하나하나 실천하자. 실천이 따르지 않으면 일상적인 일에서 벗어나지 못하여, 흐르지 않는 고인 물과 같다. 고여 있기만 하면 다행이지만 곧 썩어 버린다. 썩기 전에 유일한 긴급 처방은 실천이다.

습관의 고리를 끊고 변화하라

　변화라는 단어는 참 좋다. 그런데 변화란 하고자 하는 욕구가 없으면 쉽게 다가오지 않는다. 단 하루라도 식사를 하지 않고 굶는다면 몸에서 자동으로 음식을 섭취하라고 신호를 보낸다. 뇌에서 배고픈 신호를 보내는 이유는 습관이라는 무서운 고리가 연결되어 있다. 일정한 습관으로 먹던 음식이 제때에 들어오지 않으면 몸에서 반응을 하게 되어 있기 때문이다. 변화란 바로 이런 습관의 고리를 벗어나는 것이다.

　습관이란 참 무서운 것이다. 벼룩의 예를 보자. 보통 벼룩은 몸길이가 2~4mm이다. 다리는 잘 발달하여 밑마디基節는 매우 크고 발목마디跗節는 5마디, 뒷다리는 도약하는 데 적합하다. 벼룩이 한 번 뛰어오르는 높이가 최대 20cm, 거리는 35cm나 도약한 기록이 있고 자기 몸길이의 100~200배까지 도약한다고 한다. 이 벼룩을 유리잔에 넣으면 바로 튀어서 나온다. 다시 유리잔에 넣으면 역시

벼룩의 실험　　　코끼리 쇠줄과 말뚝

어김없이 도약하여 잔 밖으로 나온다. 유리잔에 뚜껑을 덮어두면 어떻게 될까. 벼룩은 3~4회 튀어 오르다가 뚜껑에 계속 머리가 부딪히게 되자, 5회째부터는 뚜껑에 부딪히지 않을 만큼만 뛴다. 즉 10cm 높이의 뚜껑에 부딪히면 다음부터는 9cm만 뛴다고 한다. 그리고 난 뒤에 뚜껑을 다시 벗겨도 그 벼룩은 평생 유리잔 밖을 못 나온다고 한다.

　코끼리의 예를 보자. 코끼리를 사육하는 동남아 지방에는 코끼리가 어릴 때 코끼리 다리 하나를 작은 쇠줄로 묶어둔다고 한다. 덩치가 작은 어린 코끼리는 힘이 없어서 발목에 묶인 쇠줄을 끊어버리거나 묶인 말뚝을 뽑지 못한다. 하지만 자라서 덩치가 커진 뒤에는 충분히 쇠줄을 끊을 수도 있고, 힘으로 작은 말뚝을 뽑을 수도 있지만 어릴 때부터 묶여 있던 그 쇠줄은 절대로 끊을 수 없는 줄이라고 생각하기 때문에 평생 그 상태를 유지한다고 한다.

벼룩과 코끼리의 예를 통해 우리는 습관의 무서움을 알 수 있다. 한 번 몸에 익힌 습관은 찰거머리처럼 달라붙어 있어서 쉽게 떨쳐버릴 수가 없다. 변화된 후의 자신의 모습을 상상해 보면서 그것이 주는 결과가 변화 전의 모습과 얼마나 차이가 나는지를 보자. 변화에 대한 절실한 욕구가 있어야만 행동의 변화를 준다. 주역周易에 '궁즉변窮卽變'이라는 말이 있다. '궁窮(궁핍할 궁)하면, 즉시 변變(변할 변)한다' 배가 고프면 먹을 것을 찾듯이 자신이 절실하게 뭔가를 원하지 않으면 절대로 변하지 않는 이유와 같다. 그래서 습관의 고리도 절실함이 묻어나야 그것을 끊을 수 있다. 우선 아주 간단하게 일상적인 습관의 고리를 벗기 위해서 다음과 같은 일을 해보자.

- 아침에 일어나는 시간을 한 시간만이라도 당기자
- 아침 8시에는 반드시 해야 할 일 10가지를 메모하자
- 변화하고자 하는 일을 연속해서 일주일만 해보자
- 오후 9시에는 하루 10가지 중 몇 가지를 실천했는지 체크해 보자

일상적인 업무 틀에서 벗어나지 않으면 성공이라는 것도 남의 일이다. 오랫동안 한 직업에 매여 있는 미용인에게는 새로운 것을 받아들이는데 매우 인색하다. 같은 골목에서 경쟁업체가 잘되면, 바로 자신도 뭔가를 바꾸어서 경쟁에 밀리지 않아야 한다. 그러나 현실은 그대로 안주해버리고 결국 도태되어 버린다. 도태되지 않기 위해 부단한 노력을 해서 나쁜 습관의 고리를 끊어야 한다.

알면서도 실천하지 않는 것들

현재 우리나라 조선造船이 세계 1위를 달리고 있지만, 1971년 울산 백사장 사진 한 장을 들고 영국으로 건너가 조선소를 건설할 자금을 구해온 고 정주영 현대 명예회장의 일화는 유명하다. 그가 입버릇처럼 하던 말이 "해보기는 했나?"였다. 머릿속에 알고 있는 지식이 아무리 많아도 그것을 행동으로 옮기지 않는 한 그 어떤 것도 아무 소용이 없다는 멋진 표현이다. 묻지도 말고 따지지도 말고 우선 행동에 옮기라는 이야기다.

VIP 고객을 만들기 위해서는 '찾아오는 고객의 역사를 만들어라'는 이야기를 앞에서 언급했다. 고객의 역사를 만들면 좋은 일이란 것은 누구나 다 알고 있는 내용이다. 지난 5년 동안 "여러분 중에서 고객관리 노트가 10권이 넘는 분이 있느냐?"고 물어보았지만 지금까지 단 한 명도 없었다. 많은 사람들이 고객관리 노트를 작성하는 데 공감과 동의를 하지만, 막상 실천하는 사람은 거의 없다. 강의를 들었을 때는 "내일부터 바로 실천해야겠어요"라고 말을 하지만, 나중에 그분을 다시 만나서 어느 정도 실천하고 있는지를 물어보면 놀랍게도 실천과는 거리가 멀었다. 이런 일은 비일비재하다.

"참 쉬운 방법이네요. 다 알고 있었는데 실천이 어려워서 하지 못하고 있었어요" 뭘 어쩌란 말인가? 알고 있으면서 실천하지 않는 지식은 죽은 지식이다. 게으른 사람은 언제나 앉아서 기회가 오기만을 기다린다. 하지만 정작 기회가 다가왔을 때는 용기 있게 그것을 낚아채고 자기 것으로 만들지 못한다. 기회가 왔다고 느낀 순간

기회는 이미 그의 손에서 벗어나 저 멀리 달아나 버리기 때문이다. 인생의 승리자가 되려면 혼자 힘으로 기회를 창조해낼 줄 알아야 한다. 기회를 창조하는 것은 자신의 운명을 다스리는 일이다. 기회는 오로지 적극적으로 실천하고 용기 있게 행동하는 사람에게 주어지는 선물 같은 것이다. 성공은 세상의 모든 사람이 꿈꾸는 희망이고 미래지만, 그 빛나는 영예는 주어진 기회를 잡고 실천에 옮기는 사람만 얻을 수 있다.

안주하지 말고 질주하자

흔히들 마라톤을 인생에 자주 비교한다. 마라톤의 완주거리 42.195km를 처음부터 끝까지 포기하지 않고 달리는 것이 우리가 살아가는 모습과 비슷해서 그런가 보다. 어느 누구도 현재 어느 지점에서 와 있다는 것은 장담하지 못한다. 누군가는 아직도 출발선에서 겨우 1km 정도 달려 왔다고 생각하는 사람, 또 그 누군가는 이제 1km 밖에 남지 않았다고 생각하는 사람도 있다. 그런데 얼마나 달려왔는가는 중요하지 않다. 중도에 숨이 차거나, 배가 고프거나, 힘이 들거나, 넘어져 포기하지 않는 것이 중요하다. 벼룩처럼 서너 번 뛰어보고 머리가 부딪치면 그만 두듯이 달리다가 몇 번 넘어져 보니 아프고 고통스러워서 중도에 포기해버리면 인생은 모두 끝이다.

아프리카 최초이자 에티오피아의 첫 금메달, 올림픽 2연패를 이룩한 전설적인 육상 영웅 '아베베 비킬라 Bikila Abebe(1932.8.7~1973.10.25)'

가 걸어온 삶을 보면, 안주하지 않고 끊임없이 도전하는 정신에 절로 숙연해진다.

　1960년 제17회 로마올림픽 마라톤 대회에 출전 예정이었던 선수가 축구경기에서 무릎을 다쳐 대체 선수로 올림픽에 출전한 아베베는 맨발이라는 악조건 속에서도 당시 세계 신기록인 2시간 15분 16초 2로 우승함으로써 '맨발의 왕자'라 불리며 일약 세계적인 스포츠 스타로 관심을 받게 되었다. 4년 뒤 1964년 제18회 도쿄 올림픽경기대회에서도 2시간 12분 11초 2라는 세계 신기록을 경신하며 우승하여, 올림픽 사상 최초로 마라톤 2연패를 이룩하였다. 마라톤 2연패는 올림픽 역사상 최초의 기록이며, 심지어 올림픽 출전 약 1개월을 앞

두고 맹장 수술을 받았기에 그의 우승은 더욱 놀라운 것이었다. 그리고 4년 뒤, 1968년 제 19회 멕시코 올림픽 마라톤 경기에 출전하였으나 전에 부러졌던 다리뼈의 부상 후유증 때문에 17km에서 기권하였다. 그 이듬해 1969년 3월 에티오피아에서 자신의 자동차를 몰고 가는 중에 길을 건너가는 학생들을 피하려다 배수로에 빠지는 교통사고를 당해 목뼈가 부러지고 척추뼈가 탈골하는 심각한 상처로 하반신 마비가 되었다. 하지만 아베베는 두 다리는 마비가 되었지만 두 팔은 멀쩡하다는 생각을 하였고, 1970년 노르웨이에서 열린 장애인 올림픽 '스토크 맨드빌 휠체어 게임'에서 양궁, 탁구, 크로스컨트리 3관왕이 되었다.

"가장 강한 적은 바로 나 자신이다. 나는 남과 경쟁하여 이기는 것보다는 자기 자신의 고통을 이겨내는 것을 언제나 생각하고 있다. 나 자신의 고통과 괴로움에 지지 않고 마지막까지 달렸을 때, 그것이 승리로 연결되었다"

아베베가 우리에게 주는 촌철살인의 주옥같은 말이다.

현재 고정고객이 많아 지금 배부르다고 미래를 대비하지 않거나 새로운 변화의 바람이 불어오는데 그 변화에 동참하지 않고 홀로 버티는 헤어살롱이 있다면 아베베의 교훈을 잊지 말자. 급변하는 환경에서 지속적인 성장을 이루기 위해서는 고객을 이해하고 시장

변화에 소통하는 살아있는 활동이 그 어느 때보다 필요하다. 인생이 마라톤이듯이 중간중간 이유를 불문하고 안주하거나 멈추지 말고 끝까지 질주해야 한다. 이 질주의 필수요소는 나 자신의 약점을 분석하고 뜨거운 열정으로 남다른 1%의 프리미엄을 찾아내어 차근차근 실천하는 것이고, 그것이 뒷받침 된다면 목적하는 바를 이룰 수가 있다. 현실에 안주해버린 코닥Kodak의 사례가 타산지석이 되었으면 한다.

chapter 3
현장에서 일어나는 실제 성공경영이야기

"성공한 살롱은 규모와 상관없이 거의 모두
비슷한 성공 특징을 가지고 있다.
경영자의 지칠 줄 모르는 성공에 대한 열정과 꿈,
직원들에 대한 아낌없는 교육투자, 체계적이고 엄격한 자신들만의 교육시스템,
그리고 항상 공부하고 연구하며 새로운 트렌드를 창출하려는 의지.
고객이 느낄 수 있는 그 헤어살롱 고유의 향기와
독특한 차별화가 바로 그것들이다."

도저히 할 수 없을 것 같은 일을 하라. 실패하라.
그리고 다시 도전하라. 이번에는 더 잘 해보라.
넘어져 본 적이 없는 사람은 위험을 감수해 본 적이 없는 사람일 뿐이다.
이제 여러분 차례이다. 이 순간을 자신의 것으로 만들어라.

― 오프라 윈프리

앞에서 헤어살롱 경영에 필요한 사항들을 다루어 봤다. 이제 실제 현장에서 남과 다른 차별화를 두고 성공경영을 하는 업체들의 사례분석을 하였다. 과연 이들이 어떤 점에서 남들과 차별화가 되고 성공할 수 밖에 없었는지를 조사하는 과정에서 성공의 중요 요소Successful Key Facts들을 찾았다. 이런 요소들이 새롭게 출발하거나 나중에 이들 업체들처럼 멋진 살롱경영을 꿈꾸는 이들에게 희망의 씨앗이 되었으면 한다.

J u n o   H a i r

준오헤어는 그리스로마 신화의 최고의 여신, 준오(Juno, Hera의 로마식 표기이며 제우스의 아내)에서 따왔다. 그들만의 자신감과 자부심으로 최고의 아름다움을 추구하며 우리나라 미적 수준을 한 단계 끌어올려 놓았다고 평가 받는데, 오로지 직영점만을 고집, 2013년 12월 말 기준 전국 90개 매장, 직원이 2,500여 명에 달하는 세계 최대의 직영점을 보유하고 있는 미용계의 육군사관학교이다.

1. 준오헤어의 신념

- 경영철학 : 고객의 아름다움을 창조하며 행복을 나누는 뷰티 서비스 기업이 되는 것(We, the JUNO family, strive to create the most Beautiful Life and share that Happiness with our Customers)
- 인재가 곧 기업의 미래라는 신념

2. 강윤선 대표의 열정적인 리더십
- 끊임없이 지칠 줄 모르는 배움에 대한 강한 열정, 큰 시장에 대한 안목 높이기를 주저하지 않음 (20년 전 1억이 넘는 돈을 들여 직원 20명과 런던 비달사순으로 유학)
- 직원들에게 모두가 '함께'라는 신념을 주고 그들의 재능을 키워주는 최고의 리더

3. 업계 최초 전문경영인 영입
- 2005년 CJ그룹 상무를 지낸 황석기 대표, 업계 최초로 전문 경영인 영입
- 본사 신규사업, 영업기획, 홍보, 인사, 교육, 재무 등 관리부서와 현장 지역 담당자를 중심으로 함께 협업하여 준오헤어 제2의 도약을 만듦

4. 독특한 독서경영과 문화 마케팅
- 지난 19년간 매달 한 권씩 필독서를 선정해 직원들과 함께 읽고 토론을 나누는 체계적인 독서경영을 구축하여 '독서 토론회' 개최
- 매달 책을 읽은 원장을 대상으로 저자 특강이나 토론을 열고 이후 지점별로 독서 토론회가 진행되고 그 결과를 워크숍 때 공개
- 독서경영이 가져온 놀라운 변화는, 직원들이 먼저 회사가 나아가야 할 방향에 대해 토론하고 주인의식을 가지기 시작했고, 이직률이 높은 업계의 특성에도 준오헤어에는 10년 이상 일한 직원이

300명이 넘음
- 도서에도 아낌없는 투자를 하여 각 지점에는 고객 대기공간에 작은 도서관을 연상케 하는 문화 공간을 마련하여 고객이 자연스럽게 책을 접할 수 있도록 함
- 매월 뮤지컬, 전시회, 클래식 공연 등 다양한 장르의 문화산업 후원을 통해 좋은 관계를 맺으며, 미용 뿐 아니라 예술의 가치를 함께 나누는 기업으로 성장

5. 철저하고 체계적인 교육 시스템과 산학협력을 통한 인재발굴
- 교육기관에 아낌없이 투자하여 준오 아카데미 설립(논현동 외에 청담동에 대규모 아카데미 2015년 완공 예정)
- 미용기술 외에도 서비스 교육, 트렌드, 경영학, 리더십까지 커리큘럼에 포함
- 입사 후 2년 6개월 동안 정규교육 프로그램을 이수 후 정식 디자이너 자격이 주어지며, 세계적인 트렌드를 놓치지 않기 위해 매년 직원을 선발해 해외 연수도 보냄
- 경복대학교와 손잡고 브랜드학과를 개설, 준오의 이름을 따 만들어진 경복대학교 준오헤어디자인과 학생들은 준오헤어의 체계적인 교육 시스템 아래 전원 취업을 보장 받음
- 우송정보대학과의 산학협력 및 브랜드코스 운영 협약, 다수의 고등학교와 맞춤형 인재 양성을 위한 산학협력 체결 및 특별 프로그램을 마련하고 지원

- 헤어 디자이너를 꿈꾸는 학생들에게 후원을 아끼지 않고 있으며 인재 발굴에 앞장

6. 준오헤어 헤어쇼, 주니어 스타일리스트 컬렉션(39회째)
- 일년에 두 번, 매년 4월과 10월, 일명 준오헤어 '헤어쇼'라 불리는 '주니어 스타일리스트 컬렉션'을 개최. 생애 첫 스타일리스트로서의 데뷔 무대이자 2년 6개월간의 노력의 결실을 맺는 졸업무대인 동시에 해당 시즌의 헤어 트렌드를 선도함

7. 세계에서 검증된 준오헤어의 기술과 명성
- 07~13년 '웰라 트렌드 비전 어워드' 7년 연속 대상 수상하며 우승
- 05년 국내 최초로 영국 런던 로얄 알버트홀에서 헤어쇼 진행
- 07년 스페인 바르셀로나에서 개최된 세계대회인 '인터내셔널 트랜드 비전 어워드'에서 한국 대표로 처음 출전한 준오헤어는 대회 최고상인 골드트로피를 수상하며 세계적으로 위상을 떨침
- 유행을 선도하는 '아브뉴 준오(청담동 본사)'는 황정음, 최지우, 이요원, 전현무, 하석진, 다니엘 헤니 등 연예인들이 즐겨 찾는 곳 중의 하나
- 재작년에 방영된 SBS 드라마 '돈의 화신'에서 일명 황정음 버섯머리라 불리며 선풍적인 인기를 끌고 온 스타일은 '애브뉴 준오'에서 탄생

8. 협업과 융합의 산실 : 청담동의 뷰티 랜드마크 '애브뉴 준오'

- 06년 '아름다움으로 가는 모든 길'이라는 컨셉으로 오픈한 애브뉴 준오는 준오헤어의 청담 플래그십 살롱으로, 메이크업부터 스파까지 갖춘 프리미엄 토털 뷰티샵
- 청담의 명소로 떠오른 이곳은 헤어뿐 아니라 메이크업, 네일케어, 스파까지 일상의 스트레스를 한 번에 날려버릴 수 있어 '꿈의 공간'으로 불림

9. 도전과 꿈

- 안주하지 않고 끊임없이 변화하고 있으며 2015년 개관 예정인 청담동 아카데미에서는 준오헤어 직원뿐 아니라 미용업계 종사자라면 누구나 교육을 받을 수 있는 프로그램을 준비하여 인재 양성에 선봉장 역할을 할 예정
- 국내에서의 경험을 토대로 본격적인 해외시장 공략에 나설 예정이며 세계 최대 직영매장으로써 자부심과 끊임없이 아름다움을 선도하는 기업 되는 것이 꿈

HWAMIJU

'대륙을 호령할 미용실'이라는 뜻의 화미주和美洲. 2013년 말 부산과 울산을 비롯 진해에 이르기까지 38여 개의 지점에 직원 900여 명을 두고 있는 부산 최대의 헤어 그룹이다.

1. 화미주헤어의 신념
- 경영철학 : '아름다운 삶이 시작되는 화미주는 인간을 존중하고 그들의 개성을 존중합니다.'
- '아름다움을 향한 창조적 열정! 화미주'라는 슬로건 하에 창의적이고 도전적인 기업이념

2. 김영기 대표의 열정적인 리더십
- 철저히 을의 입장에서 고객을 먼저 생각하고 배려하며 일하겠다는

의지와 열정으로 미래 지향적이고 발전적인 삶을 추구하는 멋진 리더

3. 철저한 교육의 힘

- 화미주헤어의 모토가 바로 교육이라고 강조, 자체 아카데미를 통해 직원들을 교육하고 있으며 단계적인 교육, 연간 154시간 이상의 교육과 훈련을 통해 길러진 고급 미용인재 양성
- 기술과 인성, 교양, 서비스, 마케팅은 물론 글로벌 디자이너 육성을 위해 원어민 강사를 직접 초빙해 영어수업까지 실시, 1년간 화미주 아카데미에 투자되는 교육비만 약 3억 원 정도
- 기술교육, 서비스 교육과 김영기 대표가 직접 실시하는 인성교육, 세 가지 교육으로 나눈다. 각 교육은 레벨이 올라감에 따라 더욱 심화되며 인성교육의 경우, 1단계에서는 자기 자신을 파악하고 2단계에서는 고객을 대하는 마인드를 생각하며 3단계에서는 동료를 배려하는 것에 대해 이야기하는 것
- 레벨 1, 2, 3, 4를 통과하면 스타일리스트와 시니어 스타일리스트 단계를 거쳐 헤드 스타일리스트의 경력을 쌓을 경우 매니저로 승진, 이는 5년 이상의 철저한 교육과정과 단계별 시험에 통과한 이들만이 얻을 수 있는 자격이기에 화미주만의 '미용고시'
- 철저한 교육으로 이직율이 낮으며 15년차 이상의 디자이너가 30%에 달함

4. 트렌드를 선도하는 탁월한 기술력

- 화미주는 한국의 '미' 트렌드를 한발 앞서 주도, 현재 전국구의 매거진까지 자체적으로 발행
- 화미주는 20명의 디렉터로 구성된 아트팀 '하트'가 실질적인 직원 교육을 실행하고 있으며 새로운 디자인과 탁월한 기술력으로 유행을 선도
- 2010년 친환경 원료를 사용해 머리칼이 상하지 않는 '와칸염색'을 도입해 혁신적인 붐을 일으킴
- 매년 자체 트렌드 발표를 통해 화미주만의 이미지 트렌드를 이끌어가고 있음

5. 500여 평의 대규도 프리미엄 헤어살롱, 화미주 본사(광복점)

- 깨끗하고 넓은 시설과 고급 인테리어로 고객들에게 최고의 서비스를 제공하는 것이 바로 화미주의 주 컨셉이며, 수십 개의 지점들은 하나같이 고풍스럽고 우아한 분위기를 자아내 고객에게 황홀함을 선사하고, 좌석 간 간격을 보통 미용실보다 1.5배를 더 넓혀 편

안하고 안락한 개인적인 공간을 마련
- 부산 최고의 헤어 명소답게 헤어, 메이크업, 네일케어, 스파까지 토탈 솔루션을 제공하는 '꿈의 공간'

6. 화미주의 도전과 꿈
- '㈜화미주헤어그룹'에서 '㈜화미주인터내셔날'로 사명을 바꾸며 글로벌 뷰티숍으로 도약하기 위해 초석을 마련
- 독립 아카데미를 설립하여 인재를 양성하고 전국 시장 진출과 미용인을 위한 전문 경영서 출간, 미용 박물관 건립 그리고 동남아에 첫 발을 내딛는 글로벌 뷰티 기업의 선봉장에 도전
- 전 디자이너의 '두피관리사화'로 교육과 자격증 취득을 통해 두피관리 전문점으로 추진하며 헤어와 두피서비스 제공 예정

M A N I A   H a i r

강한 열정, 열광적인 기질, 심취의 뜻이 담긴 ᄆ-니아MANIA 헤어 그룹은 현재 총 3개의 지점과 1개의 두피관리 센터를 운영하면서 모든 직원들이 '행복경영'의 철학을 실천하고 있는 행복살롱이다.

1. 마니아헤어의 모토(Motto)
- 하나를 위한 모두, 모두를 위한 하나(직원이 파트너)
- 미용을 통해서 행복한 삶을 추구

2. 김경은 대표의 따뜻하고 열정적인 리더십
- 성공보다는 행복, 기업보다는 사람 위주의 인본정신 강조
- 미용을 하면서 '행복한 삶', '행복한 미용'을 꿈꾸며 과정을 돌이켜 후회하지 않기 위해 열정을 다하는 정신과 매사에 양보하고 따뜻

한 배려를 강조하는 리더
- 삶의 철학 : '철학이 없는 행동은 흉기와 같고 행동이 없는 철학은 가치가 없다'

3. 차별화된 교육
- 세 가지 교육이념 : 실전교육, 성장교육, 올바른 미용인의 터전이 될 교육
- 마니아 자체 'Dorm' 연구소, 교육장 및 기숙사 구축
- 업계 최초(94년부터) 단계별 승급 교육 프로그램 운영(2년 6개월 정규교육)

    주니어 : 인성, 기초 실기 및 이론(년 4회 인턴 승급시험)

    인턴 : 인성, 실전 응용(년 2회 디자이너 승급시험)

    디자이너 : 인성, 상담기법, 헤어트렌드

4. 차별화된 마니아 문화(향기 나는 살롱문화)
- BoB's(Best of Best's)

    디자이너 모임으로 각자의 정보와 기술을 교류하는 모임
- JUS(Juniors)

    미용에 입문한 새내기들의 모임으로 기술 습득과 정보 교류

    월 1회 영화감상, 봉사활동의 문화체험
- 아름드리 자원 봉사단

    국내 장애아동 시설에 미용봉사 활동과 해외 자원봉사 활동을

주관하는 모임

빛과 소금 봉사활동(작은 예수회 활동)

네팔 '조이 하우스' 자원봉사(1999~2002)

노원구 미용 자원봉사

5. **동남아 및 오세아니아로 뻗어가는 헤어트렌드 창출**
- Mania Creative Team : 마니아 New Mode 발표

  국제 미용대회 심사 및 작품(필리핀, 중국, 대만)(1995~1998), 전국 컷 세미나 '사계'(1999), 뉴 트렌드 'Sophisticated'(2001), 'Romantic Melody'(2002), 방콕 및 호주 헤어쇼 트렌드 발표(2003~2009), 방콕, 스리랑카 헤어쇼와 호주 헤어 엑스포(GALA Light Show 초청발표 Hart of Angels)(2007)

- 화려한 국제대회 수상 : 싱가포르(04년 1위), 스리랑카 헤어쇼(07년 남자 여자 부분 컷 금상)

6. **고객의 코드에 맞는 맞춤식 인테리어**
- 살롱 인테리어는 고객의 코드에 맞추는 것이 우선
- 화려하고 장식적인 인테리어는 거부하고 안락하고 오랫동안 떠나 있었던 정든 고향을 찾는 기분으로 연출

7. **해외시장의 도전과 꿈**
- 해외시장 경험(1996년 호주 2개, 중국 1개 진출)을 배경으로 마니아

고유의 시스템을 개발하여 동남아 시장 진출 예정

   : 2014년 필리핀 세이부(피부 및 헤어파트 부분)진출
- 세계 속으로 뻗어가는 마니아 고유의 창조적 기술로 글로벌 기업으로 도약

Hair Sketch

세계적으로 유명한 아름다운 자연경관을 지닌 제주도의 명성 만큼이나 고객에게 미美 창조라는 개념을 일깨워주고 스케치 해주는 제주도 내 최대 5개의 직영점을 운영하는 헤어스케치

1. 헤어스케치의 경영 철학과 신념
- 열정을 갖고 도전하는 정신과 하는 일에 혼을 담아내는 것
- 직원과 고객을 동일시하는 진심경영으로 회사 이익보다는 인본주의

2. 정창주 대표의 열정
- 한 분야에 미친 듯 일하고 녹아드는 열정과 꿈으로 헤어살롱 운영
- 직원들에게 꿈을 심어주는 꿈의 전도사

3. 헤어스케치의 탁월한 차별화

- 섬이란 한정된 지역을 극복하기 위한 아낌없는 교육투자
  : 기술과 인성을 겸비한 헤어스케치인이 되기 위한 월 기술교육 3회, 인성교육 1회 실시
- 고객과의 커뮤니케이션 강화를 위한 실전 교육 프로그램 중점
  : 커뮤니케이션 강화를 위한 토론회 및 발표회를 정기적으로 실행
- 자기 자신의 스타일 연출을 강화하여 창의적인 트렌드 창출 유도
  : 년간 총 2회의 헤어스케치 트렌드 발표회

4. 향후 도전과 꿈

- 향후 5년 내 전국에 헤어스케치 브랜드를 홍보하고 직영점을 10개로 만드는 것
- 열악한 교육환경 개선을 위한 교육 인프라 구축의 일환으로 헤어스케치 아카데미를 설립하여 풍부한 교육 혜택을 받을 수 있는 환경 제공
- 세계적인 관광지라는 명성에 어울리게 관광객 유치를 위한 뷰티 토탈 솔루션(의료, 피부미용, 헤어를 하나로 연결)을 제공하기 위해 5년 내 장기 프로그램 구축
- 헤어스케치 가족들에게 내외적 힐링을 위한 꿈의 공간을 마련하는 것

Soonsiki Hair

'순시키 = 고귀함을 돌려주자!'라는 뜻의 홍대 앞 순시키헤어는 고객과의 만남(즉 交感)을 통해 고객의 매력 포인트를 가장 높게 끌어올린다는 신념으로 대한민국 최고의 독특함과 차별화를 만들어가는 대표 헤어살롱이다.

1. 순시키헤어의 신념
- 순시키헤어의 신념은 뷰티계에 하나의 부속이 아닌 헤어살롱이 뷰티의 중심이 되어 다른 뷰티 분야를 연결시키는 제3의 공간을 만드는 것으로, 고객에게 헤어의 인식을 좀더 폭넓게 다루는 토탈문화 Total Culture의 중심으로 만드는 것

2. 백순식 대표의 열정적인 리더십
- 옆사람보다 먼저 앞사람을 배려하며 뒷사람을 잡아주는 리더십 "먼저 열심히 하는 모습과 상상력을 현실로 만들어 가려는 나의 실전공약은 하루하루가 전쟁 같지만, 이것으로 나의 발전이 이뤄지며 또한 순시키 패밀리가 나를 믿고 가는 끈"
- 고객의 매력을 끌어올리겠다는 신념

3. 차별화된 교육
- 자체 전문 교육 프로그램을 통한 디자이너 양성(최소 2년)
- 차별화된 디자이너 등급(Designer > Professional Designer > Specialist Designer > Master Designer)
- 스타일리스트 : 순시키헤어는 헤어에만 국한되어 있는 사람이 아닌 사람의 모든 것을 간파하고 최고의 스타일을 이끌어 줄 수 있는 마술사를 길러내는 것. 수습기간 3개월 내 단계별 실습교육과 함께 영상테스트를 실시
- SNS를 이용한 영상 컨텐츠 테스트는 대중에게 어느 것이 어필되는지 알아낼 수 있는 확실한 테스트라인인 동시에, 이를 통해 꾸준히 장점을 찾아내고 그 장점을 키워주는 교육(촬영 및 포스팅을 통해 SNS로 대중과 소통하는 Appeal교육 실시)
- 자발적인 참여를 유도하는 참여교육도 선호

4. 차별화된 고객관리(100% 예약제)
- 100% 예약 시스템을 통해 고객의 시간을 소중히 여기는 시스템
- 차등화된 멤버십 등급, 등급별 관리를 통해 좀더 특별함을 선사
- 온라인이벤트와 오프라인이벤트를 통한 매달 두 가지 병행이벤트로 지루함이 없는 고객관리로 재방문 시 신뢰감을 주는 대우시스템
- 지속적으로 헤어 셀프 손질법 영상을 업데이트하여 샵 방문 시 집에서도 할 수 있는 셀프팁을 꾸준히 제공
- VIP 고객에게 포토촬영을 통해 기억에 남겨드리는 사진촬영시스템을 제공

5. 트렌드를 거부한다
- 순시키헤어는 미용업계 최초로 광고미디어팀을 설립하여 샵 안에 좀더 빠르게 트렌드를 배우며 고객과 대중에게 알릴 수 있는 시스템을 구축하고, 빠르게 변하는 SNS에 대해 대처능력을 키우는 동시에 대중의 니즈를 실천하여 보여줌
- 고객 그리고 대중이 다가갈 수 있는 셀프팁! 셀프영상을 통해 좀더 고객에게 브랜드의 인식을 높이고 있음
- 브랜드의 힘은 곧 미래란 인식, 브랜드 홍보를 위한 컨텐츠 투자에 최선
- 헤어살롱을 중심으로 미디어사업 구조 라인을 바탕으로 한 뷰티시장을 개척 예정이며 큰 규모의 헤어살롱이 가지고 있는 인프라시스템을 보다 작은 샵에서도 가능하게 하여, 지금껏 상상하지 못한

고품격 살롱디자인화가 실현될 수 있도록 지금도 추진 중

6. 도전과 꿈
- 순시키헤어는 미용엔터테인먼트를 꿈꾸며, 연예기획사가 만들어가는 문화를 헤어살롱에서 만드는 것(CJ가 만들어가는 문화를 헤어살롱에서 추구)
- 순시키헤어는 제3의 공간, 바로 곧 순시키헤어가 뷰티의 중심! 헤어살롱을 중심으로 한 패션, 액세서리, 메이크업, 네일, 화장품 등 머리부터 발끝까지 이뤄지는 모든 문화적 요소를 헤어살롱이란 공간에서 출발, 한국 미용시장에 새로운 척도를 보여 줄 것
- 한국 미용시장에 새로운 변화의 코드를 개척하는 것이 순시키의 기회이며 도전

정돈 잘된 카페에 온 듯한 깔끔함과 포근함의 조화. 규모는 작지만 그 안에 몸담고 있는 사람들의 큰 포부와 끊임없는 공부에 대한 열정은 어느 누구에게도 뒤지지 않는, 대구의 향기 나는 살롱 두뜰헤어이다.

1. '됩니다' 세 글자에 담긴 책임감

- "좋은 제품은 제 기술이 부족할 때 채워주고, 제 기술이 좋을 때는 기술을 빛이 나게 해 준다" 라는 생각으로 모르는 제품을 가지고 고객에게 임상실험을 하는 것은 범죄행위로 간주
- 고객에게 단순히 제품에 쓰여진 효과만을 보고 '됩니다'라고 하는 것은 거짓이라고 생각, 본인이 납득하고 자신을 가질 수 있을 때까지 끊임없이 제품에 대해 공부하고 임상을 거듭하여 얻어진 결과

를 가지고 고객에게 자신 있게 쓰고 권유할 수 있는 책임감

2. 박주향 원장의 열정적인 교육열
- 고객을 변화시키기 전에 나 자신부터 변화한다는 신념으로 남는 시간에 미용실 한 켠에 앉아 졸고 있거나 따분하게 TV를 보는 모습이 아닌, 스스로의 발전을 위해 전국 어디든지 단숨에 달려가는 뜨거운 교육열
- 스스로의 기술 능력 업그레이드는 물론 트렌드 따라잡기, 고객 전문상담 기술까지 지칠 줄 모르는 자기계발을 통한 변화 추구
- 철저한 고객관리를 위해서 시술관리 노트만 100권이 넘는 학구파

3. 100% 예약제의 고객중심의 서비스
- 자칫 동네 미용실로 보여 지나가다가 아무 생각 없이 시술을 받기 위해 들어가게 되면 큰 낭패, '이곳은 100% 예약제'로 운영
- 단순히 시술 시간에 여유를 두자는 의미가 아닌, 고객 한 명 한 명에게 더욱 집중하기 위해서, 그리고 뜨내기 손님의 가벼운 주머니가 목적이 아닌 모든 고객을 단골로 만들어 행복한 '틀'을 만드는 것이 예약제의 목적
- 끊임없는 제품에 대한 체험과 연구를 통해 얻어진 결과물로 고객관리, 모든 헤어시술을 기록, 관리, 응용에까지 철저한 매뉴얼 시스템으로 운영
- 고객이 시술 후 느낄 수 있는 뿌듯한 행복감을 줄 수 있는 고객 중

심서비스 제공

4. 꿈과 포부
- 고객과의 신뢰를 바탕으로 최고의 고객만족 살롱을 이루는 것
- 굳이 차별화를 외치지 않더라도 고객이 알아서 찾아주는 소통의 살롱을 만들고 '두뜰'을 국내 최고의 브랜드 살롱으로 만들어 가는 것

| 에필로그 |

헤어살롱, 이렇게 경영하라

현재 운영하고 있는 헤어살롱을 멋지게 경영해서 우리나라 최고 수준으로 만들려고 하면, 여러 가지가 바뀌어야 한다. 관리적인 인사, 재무, 회계 그리고 운영, 체계적인 기술 교육과 미를 선도하는 트렌드 창출까지 쉽지 않은 과정의 연출이 필요하다. 절대로 혼자서 모든 것을 해결하려는 생각은 버려야 한다. 모르는 것은 전문가에게 자문하고 가능한 자기 생각의 틀을 바꾸기 위해 책읽기를 권장하고 싶다. 오늘날 모든 정보가 앉아 있는 그 자리에서 확인되고 얻을 수 있는데 두려워할 것이 없다.

제3부에서 언급한 실제 성공 살롱의 중요 요소 Key Facts를 분석해 보면, 헤어살롱의 규모와 상관없이 거의 모두 비슷한 성공 특징을 가지

고 있다. 경영자의 지칠 줄 모르는 성공에 대한 열정과 꿈, 직원들에 대한 아낌없는 교육 투자, 체계적이고 엄격한 자신들만의 교육시스템, 그리고 항상 공부하고 연구하며 새로운 트렌드를 창출하려는 의지, 고객이 느낄 수 있는 그 헤어살롱 고유의 향기와 독특한 차별화가 바로 그것들이다.

    결과적으로, 헤어살롱 경영도 오케스트라의 지휘자처럼 모든 파트(현악기, 금관악기, 목관악기, 타악기 등)를 하나씩 들어본 후, 나중에 각 파트끼리 조화롭게 이룰 수 있도록 연결해주는 능력이 필요함을 알아야 한다. 지휘자의 손놀림에 따라 모든 연주자들이 일사분란하게 움직이듯이 살롱경영도 경영자의 제대로 된 진두지휘아래 이루어진다면 성공하지 않을 수가 없다. 그리고 100%의 정답은 늘 현장에서 찾아보고 공부하는 길뿐이다.

읽으면 도움이 되는 책들

"책을 읽지 않는 사람은
그 책을 읽을 수 없는 사람보다
나을 바 없다."

헤어살롱 경영에 필요한 책을 추천하기란 쉽지 않았다. 어느 책이든 저자가 정성스럽게 쓴 것들이라서 모두 소중한 가치를 가지고 있으니 가능한 다독을 권한다. 나도 일주일에 최소 3권은 읽고 한 달에 12권은 기본으로 읽다보니 모르면 책에서 해답을 구했다. 우선 책 읽는 습관을 들이다보니 자연스럽게 책이 주는 즐거움을 느낄 수 있었다. 그래서 습관을 길들이기 위한 기본 책들로 몇 권을 추천해 본다. 미용인들이 바쁜 일상 중에서도 틈나는 대로 읽으면, 새로운 시각을 갖는 데 도움이 될 책과 자기 마음을 다지는 데 좋은 책으로 나누어서 선택했다.

새로운 시각을 갖는 데 도움이 되는 책

〈설득의 심리학〉 로버트 치알디니

사람의 마음을 사로잡는 6가지 불변의 법칙을 설명하는 것이지만, 테마별로 주는 메시지는 일상생활에 유용하게 사용할 수 있는 것들이 많다. 경쟁이 치열한 비즈니스 세계에서 누군가를 만나 협상을 통해 자신이 원하는 것을 얻기 위해서는 상대의 요구에 쉽게 응해서는 안 된다. 설득의 달인들은 상대로부터 '네'라는 응답을 끌어내기 위해 수천 가지의 기술을 동원하듯이 우리도 설득의 달인이 되어야 한다.

〈트렌드 코리아〉 김난도

매년 발표하는 책이므로 한 해의 유행 코드를 읽을 수 있다. 미용산업도 한 해의 흐름을 알고 맞는 코드를 설정하는 것이 중요하다.

〈관점을 디자인하라〉 박용후
새로운 시각을 갖는 의미에서 좋은 지적을 많이 해주는 책이다. 보이지 않는 것들을 보고 들리지 않고 느껴지지 않는 것들을 보고, 듣고, 느낄 수 있는 비결, 즉 남다른 관점을 갖게 해주는 책이다.

〈협업(Collaboration)〉 짐 콜린스
서로 다른 회사의 사례 연구를 바탕으로 관리자들이 협업을 통하여 비용 절감, 혁신 제고, 그리고 판매 증진과 같은 목표를 이루는 법을 자세히 설명한다. 대기업의 사례이지만 사업을 하는 사람이 누구나 알아두면 좋은 내용이 많다.

〈성공하는 사람은 스토리로 말한다〉 피터 구버
아주 단순한 이야기에 의미를 불어넣어 생명력을 가지게 해야만 상대를 감동시킬 수 있다는 점에서 좋은 책이다. 멋진 스토리가 사람들의 감정을 어떻게 매료시키고 행동하게 하는지 설득을 위한 스토리텔링의 명쾌한 해법을 제시한다.

〈디퍼런트 -넘버원을 넘어 온리원으로〉 문영미
차별화를 이해하는 데 도움이 된다. 학생들에게 중간고사 점수를 평가하여 기말고사 성적 결과를 체크한 사례에서는 자녀교육의 좋은 지침까지 얻었다. 격렬하게 경쟁하느라 남들과 비슷한 전략을 구사하는 기업은 더 이상 살아남을 수 없으며, 오히려 경쟁에서 소외되는 다른 〈디퍼런트〉 전략을 구사해야만 진정한 경쟁에서의 승리를 이끌 수 있다는 저자의 생각이 살롱 경영에서 그대로 필요하다.

마음을 다지고 자기계발에 도움을 주는 책

〈에너지 버스〉 존 고든

나를 힘 빠지게 하는 수많은 사건들과 사람들 틈바구니에서 매일을 열정적으로 살아갈 수 있는 방법을 알려준다. 우리 주변에서 흔히 볼 수 있는, 어쩌면 당신의 모습과 똑같기도 한 주인공 조지가 펑크 난 자동차 대신 버스를 타고 출근하게 되면서 벌어지는 이야기를 통해 직장과 가정을 새롭게 맞이할 수 있는 해답을 제시한다.

〈이기는 습관〉 전옥표

열정을 가지고 '기필코 1등을 차지하고야 말겠다'는 집요함을 가진 사람만이 성공의 달콤한 열매를 맛볼 수 있다는 것을 강조하며, 이런 집요함은 마치 습관과 같아 끊임없는 실행을 통해 점점 더 강해진다는 것을 깨우쳐준다. 직접적으로 돈 버는 수완이나 방법이 들어있지는 않지만 비즈니스를 했을 때 반드시 골을 넣을 수 있는 정공법이 담겨 있다.

〈이카루스의 이야기〉 세스고딘

이카루스 이야기를 뒤집으면 두려워하지 말고 높이 날아보라고 주장한다. 자신이 만든 안락함과 틀을 벗어나 높이 날아 올라야만 한계를 초월해 자기변화와 혁신을 이룰 수 있다고 말한다. 그런 생각을 가지고 새로운 길을 가는 사람들을 '예술가(아티스트)'라고 이야기하면서 신분, 성별, 지위고하에 관계없이 누구나 아티스트가 될 수 있다고 강조하고 있다.

〈START 지금 시작하는 인문학〉 주현성

최근 화두가 되고 있는 인문학을 느끼고자 하면 일단 전체 흐름을 파악하는 데 도움이 된다. 철학, 심리학, 미술, 사회과학까지 두루 다루어서 인문학을 공부하지 않는 사람들도 쉽게 읽을 수 있어서 제목 그대로 인문학을 알고 싶은 사람들에게 큰 도움이 된다.

〈가슴 뛰는 삶〉 강헌구

이루고 싶은 목표나 꿈, 자신을 행복하게 해주는 무언가를 찾지 못한 이들에게는 통찰하는 법을, 꿈이 있지만 실행하기 막막한 이들에게는 작심하는 법을, 반드시 넘어야 할 거대한 장애물 앞에서 망설이고 있는 이들에게는 돌파하는 법을, 거침없이 질주해야 하는데 여전히 자신이 없는 이들에게는 질주하는 모범을 보여준다.

〈혼창통, 당신은 이 셋을 가졌는가?〉 이지훈

일단 리더가 갖추어야 할 7 본적인 정신을 말해주고 있어서 좋다. 어떤 일을 하더라도 기본적인 혼창통을 느끼고 실천할 수만 있다면 모든 일에 성공할 수 있을 것 같고 또 그러한 사례를 잘 예시했다.

〈자기혁명〉 박경철

청년은 세상을 어떻게 읽고 소통해야 하는지, 청년은 자기 성장을 위해 어떤 노력을 해야 하는지, 지금 자기 삶의 주인으로 살고 있는지 등에 대한 치열했던 고뇌와 시행착오의 기록을 담고 있다. 우리 스스로 만들어낸 한계의 경계를 허무는 '혁명가'로 살아야 한다고 이야기한다. 자기혁명이 필요한 시대에 살고 있는 현대인에게 꼭 권하고 싶다.

〈리딩으로 리드하라〉 이지성

위대한 사람들, 세상을 바꾼 사람들은 모두 인문고전학을 읽었다고 주장하면서 책 읽기의 중요성을 강조한다. 현대인이 책 읽는 습관을 가질 수 있는 방향을 제시해 준다.

〈무엇을 위해 살 것인가?〉 윌리암 데이먼

어떻게 하면 아이들이 삶을 이끌고 이 사회에 이바지하는 '목적'을 가지도록 가르칠 수 있을까? 삶의 방향을 정하지 못하고 방황하는 청소년들의 현주소를 살펴보고, 목적을 어디에서 찾을 수 있는지 알게 해주는 책이다. 목적이 있는 삶을 살기 위한 방향을 제시해 준다.

〈산중문답〉 최인호

일상생활에 지칠 때 가볍게 읽으면 마음의 산책에 도움이 되는 책이다.

〈아웃라이어〉 말콤 글래드웰

한마디로 대가란 무엇인가를 알려주는 책이다. 하루에 3시간, 일주일에 20시간, 10년을 하면 1만 시간의 노력을 쏟아 부으면 안 되는 일이 없다고 한다. 끊임없이 실천하면서 변화를 추구해야만 결실이 있음을 말하는 동시에 '성공의 비밀'에 대한 독특한 통찰을 내놓는다.

〈현문우답〉 백성호

비우고 마음을 마음대로 쓰는 방법인 이해하기와 써먹기, 어렵지 않은 이 두 가지의 방법에 대해 소개한다. 불교의 화두 이야기, 예수님의 발자취에서 테레사 수녀의 고백까지 종교의 벽을 넘나들며 우리의 일상을 소재로 거창하고 어려운 수행론이 아닌 실생활에서 활용할 수 있는 방법들을 담고 있다. 저자는 이 책을 통해 일상에 지친 사람들에게 마음을 비우고 조화로운 삶, 걸림 없는 삶, 창조적인 삶을 찾아야 한다는 것을 강조하고 있다.

〈습관의 힘〉 찰스 두히그

우리의 일상생활이 습관의 고리에 묶여 있는데 이런 습관의 고리에서 벗어나는 방법과 습관의 무서움을 잘 알려준다. 습관이 어떻게 작동하는지 이해해야 습관을 지배할 수 있고, 습관을 지배해야 원하는 것을 쉽게 얻을 수 있다. 규칙적으로 운동하고, 살을 빼고, 아이를 잘 기르고, 일을 더 잘하고, 혁신적인 회사를 세우고, 사회를 개혁하는 등의 누구나 원하지만 뜻대로 되지 않는 그 일들의 중심에는 바로 습관이 있다.

〈디테일의 힘〉 왕중추

일상생활에서 벌어지는 디테일한 힘을 믿는 사람은 성공으로 가는 첫 단추를 낄 수 있다. 모든 일은 아주 사소한 것에서 발생할 수 있고 그것으로 숲의 역전을 이루는 예는 정말 많다. 대충대충보다는 디테일의 힘을 믿는 것이 중요하다.

미용관련 책들

〈전국 슈퍼 헤어살롱 명품 헤어스타일 찾기〉 장업신문

성공한 헤어살롱 56인의 경영 노하우가 소개되어 있어 참고할 만하다.

〈뷰티산업의 국내외 시장동향과 상품개발 및 사례분석〉 좋은정보사

뷰티산업 시장의 각 분야를 분석 정리하여 시장을 분석하는 데 도움이 된다.

헤어살롱, 이렇게 경영하라

지은이 김덕준

1판 1쇄 인쇄 2014년 3월 31일
1판 1쇄 발행 2014년 4월 10일

펴낸곳 새녘출판사
펴낸이 권희준

출판등록 2011년 10월 19일 (제 2012-000093호)
주소 서울 마포구 월드컵북로 375, 2207호
전화 02-323-3630 **팩스** 02-323-3634 **이메일** books@saenyok.com

책임편집 조옥임
디자인 씨오디
인쇄 (주)재원프린팅

정가 16,000원
ISBN 978-89-98153-13-7 03320

- 이 책의 저작권은 저자에게 있으며, 저자와 출판사의 허락 없이 내용의 일부를 인용, 발췌하는 것을 금합니다.
- 잘못 만들어진 책은 구입하신 서점에서 바꾸어 드립니다.
- 이 책의 국립중앙도서관 출판시도서목록(CIP)은 서지정보유통지원시스템 홈페이지(http://seoji.nl.go.kr)와 국가자료공동목록시스템(http://www.nl.go.kr/kolisnet)에서 이용하실 수 있습니다. (CIP제어번호: CIP2014009074)